평등한 세상이
너무 멀어

다정한 하루 **4**_평등

평등한 세상이 너무 멀어

글 나승위 ★ 그림 나오미양

차례

프롤로그 6

⭐ 앞서가지 않아도 괜찮아
서툴더라도 스스로 12
교실에선 누구나 평등 16
스웨덴의 무상 교육 제도 20
공부하라는 잔소리를 하지 않는 이유 22
- 시험 점수를 묻지 않아요 27

⭐ 부부가 함께 벌고 함께 돌보는 가정
여성은 가사 노동만 했을까? 30
스웨덴 여성들이 자유롭고 당당한 이유 34
여성 고용 비율을 높이는 법과 제도 38
라테 파파, 아빠는 육아 휴직 중 40
- "도와줄게요" 대신 "같이해요" 43

⭐ 100세 생일 축하 카드를 보내느라 바쁜 국왕
신나게, 보람차게 사는 노인들 46
'아픈 엄마'를 누가 돌볼 것인가? 50
자녀들이 효도할 기회를 주지 않는 스웨덴의 연금 제도 55
- 할머니의 젊었을 적 이야기를 들어요 59

⭐ 4 반려견이 병에 걸려도 치료비 걱정이 없어

반려견과 사랑을 나눠 62
'반려동물 보호법'을 어기면? 65
개를 털로 평가하지 마! 69
사자와 북극곰이 어떻게 한곳에서 만나? 71
• 반려견의 마음을 읽어 봐요 75

⭐ 5 평등하게 대접받고 독립적으로 살아

선진국 거리에 장애인들이 많다고? 78
장애인과 비장애인이 서로 어울려 살아 81
'활동 지원 서비스'는 합법적이고 당당한 권리 86
• 작은 배려를 할 수 있어요 91

⭐ 6 왜 이민자와 난민을 도울까?

인권을 중시하는 사회, 노동력이 필요한 사회 94
비빔밥을 만드는 작은 레스토랑을 열다 95
다름을 인정하는 통합의 길 100
• "신기하다" 대신 "멋지다"라고 말해요 107

⭐ 저, 질문 있어요!

불장난하면 때려도 될까요? 110
여성의 정치 참여가 왜 중요할까요? 115
누구나 노동할 권리가 있다고요? 119
난민 여성과 어떻게 연대할까요? 123
빈부 격차가 작은 이유는 뭘까요? 127

프롤로그

이기적인 사람도 다정한 행동을 하게 만들어요!

"스웨덴 사회에도 차별이 있다는 거 알고 있어요?"

스웨덴에 온 지 얼마 되지 않았을 때, 이곳에서 꽤 오래 살아온 미국인이 내게 이렇게 물었어요. 스웨덴은 '평등'을 가장 중요한 가치로 삼고, 모든 국민에게 동등한 기회를 보장하려는 복지 국가로 알고 있는데 차별이라니…. 대체 무슨 말일까요?

"가장 대접받는 순서부터 알려 줄게요. 어린이, 장애인, 여성, 노인, 강아지… 그리고 그다음이 남성이에요. 그중에서도 힘센 남성이 가장 차별당해요."

스웨덴에서 말하는 평등은 모두를 똑같이 대하는 것이 아니라 어린이, 장애인, 여성, 노인처럼 사회적으로 약한 위치에 있는 사람들에게 더 많은 관심과 복지가 제공되는 것을 의미합니다. 진정한 평등이란 모두에게 똑같이 나눠 주는 것이 아니라 각자 필요한 만큼 받을 수 있도록 돕는 것이에요. 복지 제도는 평등을 실현하는 도구이고요. 복지 제도는 단순히 경제적 지원만 하는 것이 아니라 사람들이 공정한 기회를 가질 수 있도록 사회적, 경제적 조건을 조정하는 역할을 해요.

　스웨덴에서 평등의 가치가 가장 빛을 발하는 곳이 학교예요. 국가의 미래인 어린 사람들이 성장하는 공간이니까요. 교실에서 학습에 필요한 모든 자료가 평등하게 무상 지급되기 때문에 나보다 더 좋은 학습 도구를 사용하는 친구가 없고, 준비물을 가져오지 못해 쩔쩔매는 친구도 없어요. 학교 수업을 받는 면에서는 무척 평등합니다. 그리고 무상 교육 제도 덕분에 가난해도 돈 걱정 없이 '누구나' 대학에 들어갈 수 있어요.

　장애인에 대한 배려도 철저해요. 공공시설은 장애인이 불편함 없이 이동할 수 있고, 장애 때문에 차별받는 일이 없도록 제도가 뒷받침돼 있어요. 여성도 육아와 일을 병행할 수 있도록 충분한 출산 휴가와 육아 휴직이 보장되고, 남성들도 적극적으로 육아에 참여할 수 있도록 제도가 마련되어 있죠. 노인들 역시 사회의 부담이 아니라 존중받아야 할 존재로 생각합니다.

그런데 스웨덴 사람들은 원래부터 이렇게 다정하고 배려심이 많은 사람이었을까요? 아니에요. 사실 세상 어디에나 이기적인 사람, 자기밖에 모르는 사람이 있어요. 하지만 스웨덴은 그런 사람조차도 어쩔 수 없이 다정한 행동을 하게 만드는 비결을 가지고 있어요. 바로 좋은 법과 제도를 만드는 것이에요.

예를 들어, 장애인과 노인에게 편리한 시설을 만들도록 법으로 정해 놓으면 사람들은 자연스럽게 그 환경에 익숙해지고, 약자를 배려하는 것이 당연한 일이라고 생각하게 돼요. 또 육아 휴직을 적극적으로 사용하도록 정책을 만들면 남성들도 자연스럽게 아이를 돌보게 되고, 가정 내 역할 분배가 평등해져요. 이렇게 사람들의 의

식이 변화하는 데에는 법과 제도가 큰 역할을 해요.

　스웨덴의 복지는 단순히 국민의 '선한 마음'에 의존하지 않습니다. 국가는 사람들이 서로 존중하고 평등하게 대하도록 유도하는 법과 제도를 마련하고, 이를 통해 사회 전체가 자연스럽게 협력하고 배려하는 방향으로 나아가도록 하지요. 좋은 법과 제도는 사회를 더 공정하고 배려 깊게 만드는 강력한 도구가 됩니다.

앞서가지 않아도 괜찮아

서툴더라도 스스로

내게는 아들만 셋이 있어요. 남편에게 갑자기 일자리가 생겨 스웨덴에 왔을 때, 쌍둥이 아들들은 여섯 살, 막둥이 아들은 두 살이었어요. 쌍둥이들은 작년에 대학을 졸업했고, 막둥이도 올해 대학에 들어갈 예정이니 스웨덴에서 다 키웠네요.

아이들이 초등학생이었을 때, 가끔 학교에서 공연 발표회를 했어요. 연극도 하고, 노래도 하고, 연주도 했습니다. 발표회 한 달 전부터 선생님들은 부모들에게 초대장을 보내고, 부모들은 회사에 늦게 출근하거나 하루 휴가를 내고 자녀들의 공연을 보기 위해 기쁜 마음으로 무대 앞에 모여 앉지요.

쌍둥이들은 수줍음을 타는 편이라 무대 위에 올라가서도 큰 역할을 하지 못했는데, 막둥이는 좀 달랐습니다. 뮤지컬 공연에서 큼지막한 역할을 맡기도 했거든요. 어느 날엔가는 부모들 모두 초대받아 수업 참관도 해 봤는데, 선생님의 질문에 손을 번쩍 들고는 틀린 답을 말하는 게 아니겠어요? 손을 번쩍 든 것도 놀라웠는데, 틀린 답을 그렇게 크게 외쳐 놓고도 부끄러워하는 기색이 전혀 없었어요. 엄마인 내가 더 부끄러웠답니다.

수업의 연장으로 작품 전시회도 했어요. '탐구 생활'이란 수업이 있는데, 주제를 정한 뒤 다양한 방법으로 그 주제에 대해 연구하는 수업입니다. 한번은 '탐구 생활' 주제가 발명품이었어요. 아이들이 여러 가지 발명품을 만들어 놓고 부모들을 초대했습니다. 부모뿐 아니라 전교생이 쉬는 시간에 와서 이게 뭐냐 저게 뭐냐 어떻게 만들었냐 물어보았고, 아이들은 자신의 발명품에 대해 신이 나서 설명했어요.

그런데요, 아이들의 공연이고 전시회임을 감안하더라도 이 모든 것이 얼마나 어설픈지 모릅니다. 공연의 경우 다수의 관객을 초청했음에도 불구하고 실수는 말할 것도 없고, 대체 연습이나 했나 싶을 만큼 도중에 뚝뚝 끊기는 피아노 연주를 선보이기도 했어요. 대부분의 관객은 이 모든 공연에 큰 박수로 화답했지만, 나는 늘 실망하며 돌아오곤 했습니다.

'탐구 생활' 시간 때 만든 발명품도 시답잖았어요. 하지만 발명품을 앞에 놓고 이를 설명하는 아이들의 모습은 대기업 회장님 앞에서, 오랜 시간 연구해서 야심 차게 개발한 신제품을 소개하는 개발부 팀장 같았습니다. 부모들은 아이들의 발명품들을 찬찬히 돌아보면서 고개를 크게 끄덕이고, 나중에 훌륭한 발명가가 되겠다며

칭찬을 아끼지 않았어요. 암튼 전시회 때 학교에 있는 모든 어른은 어떻게 해서든 칭찬할 거리를 찾아내어 아이들에게 오로지 칭찬만 해 줍니다.

아이들의 공연과 작품이 어설픈 이유는 간단해요. 어른의 도움을 전혀 받지 않고 아이들이 스스로 해내기 때문이에요. 크게 가이드라인만 제시하고 별로 도와준 것도 없는 선생님은 전시회 내내 흐뭇하고 자랑스러운 태도로 부모들을 맞이했어요.

한국에서 태어나 자라고 교육을 받은 나는 이런 공연과 전시가 좀 무성의하게 느껴졌습니다. 선생님들이 아이들이 잘할 수 있게 지도하고 도와주어야 한다고 생각했거든요. 한국 사람들은 뭐든 '열심히 해서 잘해야 한다.'라고 생각하잖아요. 나중에 친하게 된 선생님 한 분에게 이런 아쉬운 마음을 얘기했더니 다음과 같은 답변을 해 주었어요.

"아이들인데 잘하면 얼마나 더 잘하겠어요? 그리고 어른이 도와주어 잘하는 게 무슨 의미가 있죠? 지금은 잘하느냐 못하느냐가 아니라 스스로 무엇인가를 해 봤다는 경험이 중요해요. 아이들이니까 못하는 게 당연해요."

아이가 뭐든 잘하기를 기대하는 한국인 엄마인 나와는 생각이 사뭇 달랐어요. 심지어 한국에서는 조기 교육과 선행 학습이 보편적이잖아요. 그런데 전반적으로 스웨덴 사람들은 아이들이 미리 뭘 잘하는 걸 크게 기대하지 않더라고요. 스웨덴 사람들은 아이들 교육에 크게 관심이 없는 걸까요? 아이들의 교육은 곧 국가의 미래인데 관심이 없을 리가 없겠죠? 어렸을 때 서툴더라도 '스스로' 하는 것이, 어른이 도와줘서 잘하는 것보다 더 중요하다고 생각하는 거예요.

교실에선 누구나 평등

스웨덴 사람들이 교육에 있어서 중요하다고 생각하는 것이 또 있습니다. 바로 '평등'이에요. 스웨덴은 복지 국가로 유명하죠? 스웨덴 복지 제도의 목표는 '사회적 평등'을 실현하는 것이에요. 무상 교육 제도와 여러 가지 학생 지원 제도 덕분에 가난해도 누구나 공부할 수 있고요, 무상 의료 제도 덕분에 아파도 돈 걱정 없이 누구나 치료받을 수 있어요. 여기서 '누구나'라는 단어가 매우 중요해요. '누구나'는 곧 평등을 의미하니까요. 평등은 스웨덴 복지 제도의 핵심적인 가치예요.

   스웨덴에서 평등의 가치가 가장 빛을 발하는 곳은 학교입니다. 학교는 단순히 머릿속에 지식만 채우는 곳이 아니고, 어린 사람들이 미래를 살아갈 힘을 기르는 곳이에요. 학교는 한 사람의 성장과 한 사회의 미래가 만나는 공간이죠. 어린 사람은 학교에서 배움을 시작하고, 생각하는 법을 익히고, 자기 자신의 가능성을 발견해요. 스웨덴 사람들은 어린 사람들의 성장 공간인 학교에서는 누구나 같은 혜택을 누려야 하고, 결코 불평등해선 안 된다고 생각합니다.

   아이를 셋이나 키우는 내게 평등에 입각한 스웨덴의 공교육 정책은 큰 감동이었어요. 학교에서 점심 식사는 말할 것도 없고, 노트와 연필 등 학습 도구도 무상으로 제공됩니다. 나보다 더 좋은 학습 도구를 사용하는 친구가 없고, 준비물을 가져오지 못해 쩔쩔매는 친구도 없어요. 학교 수업을 받는 면에서는 무척 평등하죠. 심지어 초등학생, 중학생, 고등학생들에게 노트북이 일괄적으로 지급됩니다. 과제를 할 때 컴퓨터를 사용해야 하는데, 혹시라도 집에 컴퓨터가 없거나 성능이 나쁘면 학생의 학업에 문제가 생기기 때문이에요. 부자이건 가난하건 공부하는 데 차질이 없어야 하니까요.

   어렸을 때 집안 형편이 어려웠다는 제시카란 친구가 있는데, 자신의 초등학교 시절 이야기를 들려주었어요. 제시카의 엄마는 샌드위치에 치즈와 햄을 함께 넣어 먹는 게 아니라고 말해서 항상 둘 중에 하나만 넣어 먹었는데, 어느 날 처음으로 반 친구 집에 놀러 갔더니 그 친구는 샌드위치에 치즈와 햄, 게다가 삶은 달걀까지 함께 넣어 먹더래요. 깜짝 놀란 제시카가 엄마가 말한 대로 '샌드위치에는 뭐든 한 개만 넣어 먹는 것'이라고 알려 주었더니, 친구가 황당해하더랍니다.

제시카는 그때까지 자신의 집이 가난한 줄 몰랐대요. 왜냐하면 학교에서는 모두가 똑같았으니까요. 자라면서 형편이 크게 나아지지 않았지만 그래도 괜찮았대요. 무상 교육 제도 덕분에 돈 걱정 없이 부자 친구와 똑같이 원하는 대학에 들어가 하고 싶은 공부를 할 수 있었고, 학생 지원금 덕분에 부모의 경제적인 도움 없이 지낼 수 있었으니까요. 방학 때는 아르바이트를 해서 돈을 벌었지만, 자신의 미래를 계획하는 데 가난이 큰 문제가 되지 않았다고 해요.

사람들은 언제 행복을 느끼고 언제 좌절감을 느낄까요? 행복과 좌절감은 개인적이고 주관적인 감정이라 사람마다 다르겠지만, 대체로 무언가 간절히 소망하던 것을 얻었을 때 가장 큰 행복을 느끼고, 좌절감은 그런 꿈을 꾸지도 못하거나, 꿈을 꿔도 이룰 수 없을

때 느낀다고 해요. 제시카를 보니, 스웨덴에서는 젊은이들이 가난 때문에 미래의 꿈을 포기하며 좌절하는 일은 없을 것 같아요.

스웨덴의 무상 교육 제도

어떤 일이든 하루아침에 이루어지지 않습니다. 스웨덴의 복지 제도도 마찬가지예요. 스웨덴의 사회 민주당은 1920년부터 지금까지 100년이 넘는 기간 동안 선거를 통해 80년가량 장기 집권하면서, 스웨덴의 복지 국가 모델을 만들고 발전시켜 왔습니다. 스웨덴 국민은 사회 민주당을 오랫동안 지지했어요.

사회 민주당의 정치 이념은 당의 이름에서도 알 수 있듯이 '사회 민주주의'예요. 사회 민주주의는 자본주의처럼 시장 경제를 기반으로 하면서도 국가가 적극적으로 개입하여 사회적 평등과 복지를 보장하는 이념이랍니다.

사회 민주당은 제2차 세계 대전 이후, '평등, 통합, 민주주의'를 교육 목표로 정하고, 학교 내 학생들 사이의 평등을 지향하는 교육 개혁을 했어요. 개혁이 있기 전의 의무 학교는 성적에 따라 학생들을 분리했대요. 7년제 의무 학교에 다니는 동안 성적이 우수한 학생들은 중간에 중학교로 진학했고, 나머지 학생들은 의무 학교에서 학업을 마쳐야 했어요. 성적에 따라 교육을 다르게 받는 것은 교육의 불평등으로 여겨졌고, 이 불평등은 나중에 직업 선택에까지 영향을 미치기 때문에 교육 제도를 개혁한 거예요.

1962년에는 교육 평등을 위해 가장 중요한 개혁인 9년제 의무 교육을 실시하여 모든 학생이 9년 동안 동일한 교육을 받게 합니다. 그리고 1977년부터 대학 등록금을 폐지하고 완전한 무상 고등 교육 체제를 도입했어요. 스웨덴은 초등학교부터 대학원까지 모든 교육 과정이 무료입니다. 대학생에게는 공부 열심히 하라고 매달 50만 원가량의 학생 지원금을 주고요, 아주 싼 이자로 학생 대출도 해 줍니다.

한 스웨덴 대학생에게 무상 교육에 대한 의견을 물었더니, 이렇게 대답해 주었어요.

"교육은 무료여야 해요. 배우고 싶은 모든 사람이 공평하게 배울 기회를 가져야죠. 학비가 비싸면 돈이 교육의 기회를 결정하잖아요. 공부할지를 결정하는 것은 자신의 노력과 의지여야지 돈이어서는 안 돼요. 무상 교육은 궁극적으로 국가의 미래를 위해 가장 좋은 일이에요."

사실 가난한 대학생이 등록금을 벌기 위해서 해야 하는 공부는 못하고 아르바이트를 해야 한다면 대학에 들어간 보람이 없겠죠. 한국도 스웨덴처럼 대학 등록금이 무료이면 좋겠어요.

공부하라는 잔소리를 하지 않는 이유

우리는 평등한 세상을 꿈꾸지만 세상은 부당하게도 불평등해 보여요. 권력을 가진 사람이 있는가 하면 평범한 시민도 있고, 부자도 있고 가난한 사람도 있으니까요. 세상이 이처럼 불공평하니까 엄마들이 아이들에게 공부 열심히 하라고 잔소리를 하는 거예요. 공부를 잘해서 좋은 대학에 들어가야 잘사는 사회니까요. 공부를 좋아하고 잘하는 아이라면 모를까 공부가 적성에 맞지 않는 아이는 얼마나 괴로울까요? 그 아이의 엄마도 괴롭긴 마찬가지일 거예요.

그런데요, 스웨덴에도 권력을 가진 사람과 못 가진 사람이 있고, 부자와 가난한 사람이 있는데 엄마들이 아이들에게 공부하라는 잔소리를 하지 않아요. 공연 발표회나 발명품 전시회가 아무리 엉망

이어도 칭찬만 해 주고요. 공부 못하는 아이를 두고 걱정하는 엄마도 별로 없고, 성적이 나쁘다고 괴로워하는 아이도 별로 못 봤어요. 왜 그럴까요?

　스웨덴은 든든한 복지 제도를 기반으로 평등을 추구하는 나라이기 때문이에요. 대학을 나오지 못해도 학력에 따른 차별이 없어요. 대학 등록금이 무료이고, 학생 지원금까지 챙겨 주면서 국가에서 공부하라고 격려하는데, 스웨덴의 대학 진학률은 50%가 되지 않아요. 이는 고졸과 대졸 간의 임금 격차가 크지 않기 때문이에요. 스웨덴 사람들은 현장직이든 사무직이든 모든 직업을 가치 있게 평가하거든요. 사실 모든 직업이 사회를 지탱하는 필수적인 역할을 하고, 각자의 방식으로 사회에 가치 있는 기여를 하니까요. 스웨덴 사람들은 직업에 따라 차별하지 않고, 모든 직업을 동등하게 존중합니다.

　직업에 대한 스웨덴 사람들의 열린 마음은 교육 시스템에 잘 나타나 있어요. 학교는 대학 가기 위한 공부만 시키는 게 아니라, 학생들이 자신이 좋아하는 분야와 적성에 맞는 직업을 찾을 수 있도록 돕습니다. 중학교 때부터 진로 탐색 기회를 제공해요. 중학교에 프라오(직업 체험 수업)란 프로그램이 있어요. 학생들이 직업 세계를 경험하고, 미래의 진로를 탐색하도록 돕는 중요한 교육 프로그램으로 최소 열흘간 의무적으로 받아야 해요.

학생들이 관심을 갖는 다양한 분야에서 진행되는데, 예를 들어, 동물을 좋아하는 학생은 동물 병원에서 보조 업무를 하고, 패션에 관심 있는 학생은 의류 매장에서 일해 보는 식이죠. 우리 아이 친구는 호텔에서 직업 체험을 했는데 호텔에서 일하는 게 좋아서 고등학교를 호텔 경영 쪽으로 진학했어요. 고등학교에서는 대학 진학 과정과 직업 교육 과정 중 하나를 선택할 수 있거든요. 지금 네덜란드에 있는 근사한 호텔에서 즐겁게 일하고 있는데 혹시 나중에 공부하고 싶어지면 그때 대학에 갈 거래요. 어떤 소년은 건설 현장 작업복을 입고 일하고 싶다고 했어요.

대학에 가지 않아도, 어떤 일을 하든 차별받지 않고 평등하게 사회의 일꾼으로 행복하게 살 수 있다면, 엄마가 매일 공부하라는 잔소리를 하지 않을 것 같아요. 스웨덴 사람들이 아이들을 편안한 눈으로 볼 수 있는 이유가 바로 여기에 있습니다. 좋은 제도와 법은 사람들의 삶을 편안하게 만들어요.

처음 스웨덴에 왔을 때, 이곳의 교육이 너무 느슨한 거 아닌가 싶어 좀 불만스러웠는데 생각해 보니, 나도 스웨덴 사람들처럼 아이

들을 편안한 눈으로 보며 키웠던 것 같아요. 앞서 "아이들인데, 잘하면 얼마나 더 잘하겠어요?"라고 말했던 선생님이 이 말도 덧붙였답니다.

"아이가 다섯 살 때 좋아했던 장난감을 열 살 때도 똑같은 마음으로 좋아하지 않아요. 아이들에게 그 나이 때에 나타나는 '어설픔'과 '어리광'을 있는 그대로, 너그러운 마음으로 받아 주는 것이 가장 좋은 보살핌이 아닐까요?"

열 살이면 열 살답게, 열다섯 살이면 열다섯 살답게 살면 좋겠어요. 남보다 뛰어나려고 너무 앞서가지 말고요.

다정한 시민이 되는 법

시험 점수를
묻지 않아요

스웨덴의 학교에서는 시험 점수가 공개되지 않아요. 점수를 비교하는 대신 각자의 성장 과정을 더 중요하게 여기는 거죠. 반면 우리 교실에서는 시험이 끝나면 "몇 점이야?", "1등은 누구야?" 같은 말이 자연스럽게 오가요. 서로를 비교하는 이런 말은 누군가에게 상처가 되기도 해요. 이제 이렇게 바꾸면 어때요? 점수를 묻는 대신 "이번 시험 힘들었지?" 하고 물어보거나, "수고했어. 진짜 열심히 한 거 알아."라고 서로를 격려하는 식으로요. 성적보다 서로의 장점을 찾아 주는 말 한마디, "넌 그림을 참 잘 그려." 같은 말도 큰 힘이 돼요.

2 부부가 함께 벌고 함께 돌보는 가정

여성은 가사 노동만 했을까?

역사책에는 왜 남성만 많이 등장하고 여성은 별로 없을까요? 남성만 역사 발전에 기여했기 때문일까요? 남성이 개미처럼 열심히 일하는 동안 여성은 베짱이처럼 놀았을까요? 로잘린드 마일스가 쓴 『세계 여성의 역사』라는 책 머리말을 보면요, 다음과 같이 적혀 있어요.

"여성들이 매일 아침 일어나서 불을 밝히고, 음식을 준비하고, 인간과 동물의 식사를 제공하고, 농작물을 돌보았다. 그들은 집에서 요강을 치우고, 빨래를 하고, 죽어 가는 이들과 갓 태어난 아기를 돌보았다. 또한 집 밖으로 나가 시장에서 물건을 사고팔았으며…."

인류의 생존을 위해 필요한 이 중요하고도 위대한 여성들의 노동이 매일 반복되는 일이라고 시시하게 여겨져서 정당한 대접은커녕 주목도 받지 못했어요.

그렇다고 여성이 가사 노동만 한 것은 아니에요. 여성들은 제조업, 금세공, 예술 등 다양한 분야에서 활발히 활동하며 탁월한 능력을 발휘했답니다. 남편의 이름으로 글을 발표하거나 남성 이름을 필명으로 사용한 여성 작가들도 수두룩하고요.

그런데 이렇게 뛰어난 업적을 이루고도 왜 여성들은 제대로 역사의 조명을 받지 못했을까요? 간단한 질문인데 고려해야 할 점들이 많아서 대답은 좀 복잡해요. 그중에서 쉬운 대답 하나를 찾자면 여성의 법적 지위 때문이에요. 과거에는 스웨덴도 여성의 법적 지위가 형편없이 낮아서 모든 공식적인 문서와 서류는 남편이나 아들의 명의로 작성되어야 했어요. 정작 일은 여성이 했는데도 공은 남성에게 돌아가는 식이었죠. 게다가 역사는 남성 역사가들에 의해 기록되었답니다. 스웨덴에서 여성이 투표권을 갖게 된 것은 1919년으로 다른 유럽 국가들에 비해서도 꽤 늦은 편이었어요.

내가 사는 스웨덴 남부 스코네 지역에 스카홀트라는 아름다운 성이 있습니다. 1562년에 지어진 성으로, 슈베린 남작의 소유예요. 이 성은 방이 무려 67개나 되는데 슈베린 남작과 그의 부인 알렉산드라 그리고 세 자녀가 살고 있습니다. 스웨덴에는 개인 주거지로 사용되는 이런 멋진 성들이 꽤 많은데요, 주인은 대부분 귀족이에요. 그렇다고 이들이 옛날 귀족 행세를 하며 사는 건 아니랍니다.

스카홀트성은 6월 중순부터 9월 말까지 성의 일부를 전시실로 만들어 사람들에게 개방합니다. 나는 성에 갔다가 여인 다섯 명의 초상화를 보고 너무 흥미로워서, 알렉산드라에게 전화를 걸어 이

야기를 들었습니다.

슈베린 남작과 결혼한 알렉산드라는 방송국에서 언론인으로 활발히 활동했던 커리어 우먼이었어요. 결혼 후 성에 들어와 살기 시작했는데 어딜 봐도 남성 조각상만 놓여 있고 남성 초상화만 걸려 있더래요. 여성이 살았다는 흔적은 없고요.

그녀는 스카홀트성에서 살았던 여주인들을 찾기로 마음을 먹었습니다. 역사학자들에게 도움을 요청했고요, 스톡홀름 기록 보관소 등 여러 기관을 찾아다녔대요. 성의 여주인들 이야기는 편지와 일기 등에 여기 조금 저기 조금 담겨 있었습니다. 이런 자료들 속에서 그녀는 수백 년 동안 성을 실제 소유하고 관리했던 사람들은 성의 여주인들이었다는 사실을 알아냈어요.

이런 자료들을 바탕으로 알렉산드라는 몇몇 역사학자들과 공저로 『숨겨진 여성의 힘 - 스카홀트성 500년 역사 속에서』라는 책을 출간했어요. 스카홀트성에서 '숨겨진 여성의 힘'이란 주제로 전시회도 열고, 전시회 내용을 바탕으로 청소년을 위한 짧은 교육용 비디오도 제작했습니다.

나는 그 비디오도 봤는데요, 비디오 제작에 참여한 학생들의 이야기가 인상적이었어요. "옛날 여성들도 남성들 못지않게 큰 능력이 있었다는 걸 알게 됐어요.", "여성들이 남편의 명의로 그렇게 많은 일을 했다는 걸 처음 알았어요!", "이제 역사책에서 어떤 남성이 무슨 큰일을 했다고 하면, 그 배후에는 여성이 있지 않을까 하는 생각을 하게 됐어요." 그런데 이런 유능한 여성들의 이야기는 스카훌트성에만 국한되지 않고 스웨덴 전역에서 발견된다고 합니다.

스웨덴 여성들이 자유롭고 당당한 이유

스웨덴 여성들은 자유롭고 당당해 보여요. 몸집도 건장하고 힘도 세서 남성이 해야 할 것 같은 육체노동을 하는 경우도 흔하더라고요. 스웨덴에 온 지 얼마 되지 않았던 때, 여성이 길바닥에서 보도블록 깨는 작업을 하는 걸 보고 무척 놀랐어요. 한국에서 보낸 먹거리 담긴 무거운 짐들을 불끈 들어 배달해 준 것도 우체국의 여성 직원이었답니다. 물론 아무리 힘이 센 여성이라고 해도 힘센 남성과 맞붙어 싸운다면 남성을 이길 수 없을 거예요. 여성이 신체적으로 힘이 약한 건 사실이니까요.

하지만 현대 사회에서 "남편은 직장에 나가 돈을 벌고, 아내는 집안일을 하고 자녀를 돌본다."라는 전통적인 남녀 역할에 동의하는 사람은 아마 별로 없을 거예요. 특히 독립과 평등을 중요하게 생각하는 스웨덴에서는 여성의 일, 남성의 일을 나누지 않아요. 누구나 집에서 나와 일을 하라고 격려하는 사회거든요. 스웨덴은 매년 실시하는 국제 성평등 지수 조사에서 항상 최상위권에 들어갑니다. 1위부터 5위까지 거의 북유럽 국가더군요.

하지만 20세기 초만 해도 스웨덴 역시 남성 우월 의식이 팽배한 가부장적인 사회였어요. 남성은 '가족의 생계라는 무거운 책임을 짊어진 존재'로, 여성은 가사와 육아를 전담하며 '집에서 노는 존재'로 여겨졌어요. 가족의 생계를 책임지는 사람과 집에서 논다고 여겨지는 사람이 동등하게 존중받는 것은 어려운 일이죠. 여성들은 운이 좋아 다정한 남편을 만나면 보호를 받으며 살았고, 운이 나빠 포악한 남편을 만나면 가혹하게 지배당하면서 종속적인 존재로 살았습니다.

당시 집권당이던 사회 민주당 정치가들은 돈을 버는 노동을 하는 남편과 돈을 벌지 못하는 가사 노동을 하는 아내는 근본적으로 평등할 수 없다는 걸 깨달았어요. 그래서 여성들도 돈을 버는 노동의 기회를 주어야 한다고 생각했죠. 그런데 말이에요, 당시 사회 민주당 정치가들은 거의 모두 남성들이었는데, 어떻게 여성을 배려해서 남성과 여성이 평등해야 한다는 좋은 마음을 먹었을까요? 어느 날 아무런 이유도 없이, 불평등한 대접을 받는 여성들이 가엾게 여겨져서 여성들에게도 돈 벌 기회를 주어야겠다는 착한 마음을 갑자기 가졌을까요? 그럴 리가 있겠어요?

스웨덴 여성들이 노동 시장에 활발히 참여하게 된 계기는 사회적으로 노동력이 필요했기 때문이에요. 스웨덴은 두 차례 세계 대전에서 중립을 선언함으로써 전쟁의 피해를 거의 입지 않았어요. 세계 대전 당시 스웨덴의 총리였던 페르 알빈 한손이라는 아주 뛰어난 정치가 덕분이에요. 그는 스웨덴이 전쟁에 휘말려서 국민이 죽거나 건물이 부서지는 걸 원하지 않았거든요. 다른 나라의 입장에서는 스웨덴이 얄미운 나라였지만, 스웨덴 국민에게는 정말 좋은 정치가였을 것 같아요. 왜냐하면 그는 국제 사회에서 미움을 좀 받더라도 가장 중요한 건 '국민의 안위'라는 생각을 했으니까요.

이런 중립 정책으로 전쟁의 피해를 거의 입지 않았던 스웨덴은 전쟁이 끝나고 아주 빠른 경제 성장을 이룰 수 있었어요. 그 과정에서 많은 노동력이 필요하게 되었고, 집에서 육아와 가사 노동을 하던 가정주부들을 돈을 버는 노동 현장으로 불러내야 했던 거죠. 이

런 변화는 누군가의 '착한 마음'이 아니라 '사회의 필요'에 의해 일어나는 것이랍니다.

당시 스웨덴 정치가들은 똑똑했던 것 같아요. 오늘날 스웨덴이 잘사는 나라가 된 이유는, 그들이 여성들에게 남성과 동등하게 사회에서 자신의 능력을 발휘할 수 있도록 기회를 주었기 때문이에요.

그렇다고 해서 "가정주부 여러분, 여기 일자리가 있으니까 내일부터 당장 나와서 일을 해서 돈을 버세요!"라고 얘기한다면 바로 나올 수 있겠어요? 과연 어떻게 불러냈을까요?

여성 고용 비율을 높이는 법과 제도

여성이 역사에서 아무리 중요한 역할을 했어도 기록으로 남지 않고 투명 인간이 된 것은 제도적 뒷받침이나 법적 지위가 없었기 때문이에요. 제도의 개선이 없다면 여성이 사회적 역할을 하기 어렵지요. 보살핌이 필요한 어린아이가 집에 있는데 그 아이를 집에 혼자 두고 나와 일을 할 수는 없잖아요. 그래서 스웨덴 보육 시설이 놀랍도록 좋은 거예요. 엄마들이 밖에 나와 일을 할 때 아이에 대해

염려하지 않을 수 있도록 말이지요.

　가정주부를 노동 현장으로 불러내기 위해 스웨덴 정치가들은 구체적으로 어떤 일을 했을까요? 우선 노동 인력으로서의 여성에게 법으로 힘을 실어 주었어요. 1971년 부부 합산 과세법을 개인별 과세법으로 바꾸었습니다. 남편과 아내의 소득을 합하면 금액이 높아져서 누진세가 적용되어 많은 세금을 내야 하지만, 남편과 아내의 소득을 따로 계산하면 누진세 적용이 안 되기 때문이에요. 세금 때문에 아내가 일을 하든 일을 하지 않든 결과적으로 가계의 전체 소득에 큰 차이가 없다면, 아내가 굳이 나가서 일할 필요가 없다는 생각이 들겠죠?

　세제 개혁을 단행한 후 스웨덴 정부는 여성이 사회에 나와 일할 수 있도록 여러 가지 제도를 만들었습니다. 앞서 잠깐 언급했듯이 여성들이 마음 놓고 아이를 맡길 수 있는 훌륭한 보육 시설을 마련했고요, 아동 수당 및 육아 수당, 유급 육아 휴직 등 가족 관련 복지도 대폭 늘렸어요.

　복지에 필요한 돈은 부가 가치세를 10%에서 15%로 올리는 것으로 충당했어요. 현재 스웨덴의 부가 가치세는 25%로 높은 편이고, 갖가지 세금 역시 꽤 높지만 이 세금들이 얼마나 유용하게 사용되는지 잘 알기 때문에 스웨덴 사람들은 높은 세금에 큰 불만이 없답니다.

이렇게 법과 제도가 바뀌자 실제로 여성의 고용 비율이 크게 높아졌어요. 남편에게 경제적으로 의존하던 여성이 독립적인 사회 구성원으로서 자신의 소득에 대해 납세 의무를 지고, 소득에 따른 사회 보장 혜택을 받고, 경제적으로도 자율적인 존재가 됐어요. 세제 개혁은 스웨덴 사회 전반의 성평등과 복지 국가 발전에 큰 영향을 미쳤답니다.

특히 여성들은 돈을 버는 노동 시장에 참여하면서 가난의 굴레에서도 벗어났어요. 1975년에 극빈층 비율이 여성 25%, 남성 4%였는데, 20년 뒤인 1994년에는 남성의 극빈층 비율은 여전히 4%인 반면, 여성 극빈층 비율은 남성과 동일한 4%로 내려갔거든요.

라테 파파, 아빠는 육아 휴직 중

스웨덴 복지의 핵심적인 목표는 '부부가 함께 벌고 함께 돌보는 가정'이에요. 즉 모든 국민이 맞벌이를 하며 일과 가정생활을 성공

적으로 하여 행복한 삶을 살도록 정책적 지원을 하는 것이 스웨덴 정치가들의 목표래요. 스웨덴이 살기 좋은 나라로 이름난 이유가 바로 여기에 있지 않을까요?

스웨덴에서 아빠와 엄마는 480일의 육아 휴직을 반반씩 나눠 씁니다. 예전에는 엄마가 육아 휴직을 훨씬 많이 썼는데, 아빠들도 의무적으로 쓰도록 몇 년 전에 제도를 바꿨습니다. 그래서 스웨덴에는 '라테 파파'가 있어요. 한 손에 카페라테를 들고 다른 한 손으로 유아차를 미는 육아 휴직 중인 아빠들을 부르는 호칭이에요. 이런 아빠들이 공원이나 도서관 유아 코너 등에 모여 수다를 떠는 모습도 자주 볼 수 있답니다. 엄마들이요? 당연히 회사에 나가 일을 하지요. 집안일도 네 일 내 일 따로 없이 공평하게 나누어 합니다.

스웨덴에서 살면서 느낀 것은요, 남성과 여성이 서로의 강점과 약점을 보완해서 평등하고 조화롭게 지내려면 좋은 법과 제도가 뒷받침되어야 한다는 거예요. 세상에는 힘이 약한 사람에게 다정하고 상냥하게 대하는 좋은 사람들도 많지만, 함부로 대하는 포악한 사람들도 꽤 있거든요. 그런 사람들에게 들이댈 수 있는 좋은 법과 제도가 있어야 해요. 그래야 모두가 살기 좋은 세상을 만들 수 있어요.

다정한 시민이 되는 법

"도와줄게요" 대신 "같이해요"

집안일이나 아이 돌보는 일을 '도와준다'고 말하는 사람이 많아요. 하지만 함께 사는 집에서 왜 한쪽만 책임지고, 다른 쪽은 돕는 걸까요? 스웨덴에서는 돌봄과 가사를 성별 구분 없이 나눠요. 아빠가 육아 휴직을 쓰고, 도시락을 싸는 건 특별한 일이 아니에요. 우리도 바꿔 볼 수 있어요. "도와줄게요" 대신 "같이해요"라고요. 집안일은 누구의 몫이 아니라, 함께할 책임을 기꺼이 나누는 다정한 마음이에요. 집안일이나 돌봄을 함께하는 순간, 평등은 조금 더 가까워져요.

100세 생일 축하 카드를 보내느라 바쁜 국왕

신나게, 보람차게 사는 노인들

사람은 누구나 공평하게 나이를 먹고 늙습니다. 우리 모두 노인이 된다는 거죠. 하지만 노인이 되기 어려웠던 시절도 있었어요. 현대 의학이 발달하기 전에는 가벼운 질병으로도 목숨을 잃는 경우가 많았으니까요. 평균 수명이 50세 전후였던 시절에 60세까지 건강하게 산다는 것은 드문 일이어서 환갑은 장수의 상징이자 큰 축복이었어요.

그런데 요즘 평균 수명이 85세가 넘습니다. 100세 넘겨 사는 노인들의 수도 가파르게 증가하고 있고요. 한국은 60세에 정년퇴직을 하죠. 평균 수명이 85세인 시대에, 퇴직했다고 60세를 노인이라고 하기는 어려울 것 같아요. 유럽의 정년퇴직 나이는 나라마다 조금씩 다른데 한국보다는 높아서 65세가 넘습니다. 노인이 되기 어려운 시절에서 노인으로 아주 오래 사는 시대가 온 거예요.

개인적으로는 퇴직 후 20년 이상의 긴 시간을 어떻게 보낼 것인가를 고민해야 하고요, 국가적으로는 노인 인구 증가에 따라 발생하는 문제를 어떻게 대처해야 할 것인가 고민해야 해요. 한국을 비롯한 모든 선진국이 당면한 현실이고, 반드시 좋은 해법을 찾아야만 하는 숙제이죠. 우리 모두 노인이 될 거고, 또 오래 살 것이기 때문이에요.

나는 이곳에서 2개 단체의 회원이에요. 그중 한 단체에는 할머니 회원들이 많습니다. 스웨덴은 나이, 직업에 상관없이 평등한 나라라서요, 누구나 서로를 이름으로 부르고 편하게 친구가 됩니다. 만약에 한국에서 이웃 할머니를 "영자!"라고 이름으로 부르면 버릇없다고 혼나겠지요? 단체에 가입한 덕분에 나는 이곳에서 할머니 친구들이 많이 생겼고, 그들의 생활도 잘 알게 되었어요.

나의 75세 할머니 친구는 바퀴가 커다란 자전거를 타면서 엉덩이를 안장에 붙이지 않고 페달을 힘차게 밟으며 도로를 질주하고 다녀요. 청바지에 맨투맨 티셔츠를 입고요. 그 건강과 젊은 패션이 어찌나 부럽던지요.

그리고 스웨덴에서 세 번째로 큰 도시인 말뫼의 문화생활은 모두 노인들이 즐긴다는 말이 있어요. 얼마 전에 갔던 말뫼 시립 교향악단의 신년 음악회에는 청중의 대부분이 세련된 화장에 하이힐을 신은 할머니들과 멋진 나비넥타이를 맨 할아버지들이었어요.

도서관 열람실에 앉아 책을 읽는 사람들 중 절반 이상이 노인들이고, 여름에 긴 휴가를 떠난 젊은이들의 빈자리를 채워 일하는 사

람도 노인들이에요. 평생 간호사로 일하다 은퇴한 한 할머니는 여름 휴가철마다 병원에서 알바를 해요. 나는 마트에서 장을 볼 때, 가끔 노인들의 장바구니를 슬쩍 훔쳐봐요. 평소 식생활을 어떻게 하면 저렇게 탄탄하게 나이 들 수 있을까 궁금하기 때문이에요.

내가 속한 단체의 운영 위원이기도 한 76세 힐러리 할머니는 '우간다 여성 돕기 프로젝트'를 진행해요. 할머니는 매년 1월부터 3월까지 우간다에 가서 봉사 활동을 하고, 우간다 여성들이 만든 액세서리와 가방 등을 스웨덴에 가져와 팔아서 그 수익금을 전부 우간다 여성들에게 보내는 자원봉사 일을 해요. 가끔 우리 모임에 오셔서 우간다에서 가져온 물건들을 파시기도 합니다. 우간다의 한 소녀는 할머니의 도움으로 스웨덴에 유학을 오기도 했어요.

또 난민 여성을 돕는 '알라 트라판'이라는 여성 협동조합이 있는데, 그곳에서 난민 여성들의 스웨덴어 공부를 돕는 자원봉사자들은 대부분 은퇴한 교사들이에요.

스웨덴에서는 100세가 되는 생일날에 국왕으로부터 생일 축하 카드를 받아요. 요즘 스웨덴에는 100세 넘는 노인들이 너무 많아서, 국왕이 카드 보내느라 바빠 휴가도 못 간다는 농담을 들었어요. 얼마 전에 70세 할머니 친구도 자신의 아버지가 국왕으로부터 100

세 생일 축하 카드를 받았다고 자랑했어요. '인생 100세 시대'가 진짜로 오나 봐요.

스웨덴의 다그뉘 칼손 할머니는 '인생은 100세부터'임을 실제 삶으로 보여 주었어요. 99세 때 컴퓨터를 처음 배워서 100세부터 자신의 일상과 삶의 지혜를 나누는 블로그를 시작하셨거든요. 1912년에 태어나서 109세인 2022년에 돌아가셨는데, 100세 이후 10년 동안 스웨덴에서 가장 인기 있고 사랑받는 블로거였답니다. 할머니는 자기보다 훨씬 젊은 노인들에게 컴퓨터를 가르치기도 하셨대요.

100세 이후에 더욱 활발한 삶을 사신 할머니는 다큐멘터리 '인생은 100세부터'를 통해 소개되었고, 노년의 사회 참여의 상징으로 많은 이들의 존경을 받았어요.

'아픈 엄마'를 누가 돌볼 것인가?

노인들의 활발한 활동은 건강과 더불어 경제적 여유가 뒷받침되어야 해요. 내가 스웨덴 친구에게 이곳에서는 빈곤해 보이는 노인들을 별로 보지 못했다고 했더니, 대부분 여유 있는 노년 생활을 하지만 설령 경제적으로 어렵더라도 노인들이 자존심이 강해서 결코 가난한 티를 내지 않는다더군요. 하지만 가난한 티를 내지 않을 수 있다는 것만도 어딘가요?

한국에도 멋진 옷차림으로 맛집을 찾아다니고, 취미 생활을 하는 노인들이 많지만, 점심 한 끼를 공짜로 해결하기 위해 탑골 공원 앞에서 찬바람을 맞으며 길게 줄을 서고, 굽은 허리로 폐지를 줍고 비틀거리며 리어카를 끌고 가는 노인들도 많이 있잖아요. 스웨덴의 노인 돌봄 시스템은 '가난한 티를 내지 않을 수 있도록' 어떻게 노인들의 자존심을 지켜 줄까요?

스웨덴은 노인 문제를 사회 복지 정책이 논의되던 19세기 말부터 가족 문제가 아니라 사회 문제로 다루었어요. 이것은 아주 중요한 의미를 지녀요. 일상생활을 원활하게 할 수 있고, 앞서 소개한 분들처럼 왕성한 활동을 할 만큼 건강한 노인이라면 문제가 없겠지만, 만약 24시간 보살핌을 받아야 하는 노인을 가족이 돌봐야 한다면, 가족 전체의 삶이 정상적으로 유지되기 어렵기 때문이에요. 복지 제도란 '돌봄의 행위'를 사회 구성원 모두 함께 나눈다는 의미가 아니겠어요?

스웨덴 여학생과 포르투갈 여학생 둘이 '아픈 엄마'를 누가 돌볼 것인가를 놓고 대화하는 걸 들었어요. 포르투갈 학생은 "우리 엄만데, 내가 돌봐야지!"라고 하는 반면에 스웨덴 학생은 "그건 요양사의 일이야. 돌보는 일은 나보다 훨씬 잘할걸!"이라고 했어요. 포르투갈 학생은 노인 문제를 '가족 문제'로, 스웨덴 학생은 '사회 문제'로 생각하는 거죠.

스웨덴 노인 정책의 지향점은 노인들이 자신이 원하는 삶의 방식을 직접 선택할 수 있게 하는 것이에요. 집에 머물기를 원하는 노인에게는 재가 돌봄 및 간병 서비스를 받을 수 있도록 전문 인력을 지원하고, 요양원을 선택한 노인들을 위해서는 지역마다 다양한 요양 시설과 요양 병원을 확보해 놓았습니다.

그런데 대부분의 노인들은 요양원에 들어가는 대신 평생 살던 집에서 살 수 있을 때까지 버틴다고 해요. 예전에 살던 아파트 바로 앞집에 96세 할머니께서 혼자 사셨답니다. 자택에서 돌봄을 원하는 노인들은 홈 케어 제공자와 가정 간호 제공자를 선택할 수 있어요. 노인들이 원하는 대로 스웨덴 당국은 '집'을 '노인 돌봄'의 주요 플랫폼으로 발전시키고 있는 거예요.

노인 돌봄은 지방 정부에서 관할하기 때문에 지방마다 홈 케어 비용이 조금씩 다르지만, 큰 차이는 없습니다. 개인이 부담하는 홈

케어 비용은 총 7단계로 구성되는데, 월 259크로나에서 월 2575크로나(3만 3000원에서 33만 7000원) 정도예요. 나머지 비용은 국가가 부담합니다. 이런 방문 요양 및 방문 간호 시스템은 한국에서 스웨덴 모델을 벤치마킹해서 한국과 시스템이 비슷해요.

숙련된 간호 및 치료가 필요하거나, 자택에 혼자 있기보다는 한 지붕 아래 누군가와 함께 있기를 원하는 노인을 위한 요양원 시설도 있는데, 비용은 이용자의 소득에 따라 책정됩니다. 스웨덴에도 다소 비싼 고급 요양 시설이 있지만 단지 시설의 차이일 뿐, 요양 서비스에는 차이가 없어요.

사실 시설 차이도 그리 크지 않습니다. "의료 혜택을 포함해서 적어도 '돈이 없어 필수 서비스를 받지 못했다'는 사람들은 없어야 한다. 빈곤한 노인 또한 '썩 괜찮은 삶'을 살 수 있게 하자!" 이것이 스웨덴 정치가들의 목표거든요. 그래서 경제적으로 어려운 노인들도 가난한 티를 내지 않고 살 수 있는 게 아닐까 싶어요.

요양원은 노인의 독립적인 생활을 보장하기 위해 1인 1실이 원칙이고요, 요양원 비용은 대략 12000크로나에서 14000크로나(160만 원에서 185만 원) 정도입니다. 만약 노인의 연금만으로 비용을 감당할 수 없다면 부족한 부분은 국가에서 부담해 줍니다. 그러나 스웨덴에서 40년 정도 일을 하고 은퇴한 평범한 스웨덴 국민이라면 이 정도 금액은 스스로 부담할 수 있어요.

스웨덴 당국이 요양원에서 누구나 '썩 괜찮은 삶'을 살 수 있도록 목표를 정했고, 스웨덴 요양원 시설은 세계적으로 높은 수준의 복지 서비스로 유명하지만 실제 요양원에서의 삶은 몹시 지루한 모양이에요.

전 세계 베스트셀러 반열에 오른 스웨덴의 장편 소설『창문 넘어 도망친 100세 노인』의 주인공 알란과『메르타 할머니의 우아한 강도 인생』의 주인공 메르타, 이 두 노인은 모두 요양원 탈출을 시도했거든요. 심지어 메르타는 요양원보다 감옥이 더 좋을 것 같다고까지 생각했어요. 나는 밥도 주고, 잘 보살펴 주는 요양원이 더 좋을 것 같은데요⋯.

자녀들이 효도할 기회를 주지 않는
스웨덴의 연금 제도

노인의 이 모든 생활을 가능하게 하는 돈은 그들이 젊었을 때 열심히 일해서 적립해 놓은 연금이에요. 스웨덴에 노령 연금 제도가 도입된 것은 1913년입니다. 19세기 말, 산업화가 진행되면서 사람들이 일자리를 찾아 농촌에서 도시로 떠났고, 가족이 뿔뿔이 흩어지면서 혼자 살게 된 가난한 노인들이 생겨났어요.

이러한 노인 빈곤 문제를 해결하기 위해 도입된 연금 제도인데 국가의 모든 노인을 지원한다는 의미에서 최초의 보편적 복지 제도였어요. 이로부터 연금 제도는 시대에 따라 변화와 발전을 거듭해 왔답니다.

스웨덴에서 정년퇴직을 하면요, 자신의 소득을 기반으로 '소득 연금'과 '투자형 프리미엄 연금', 이렇게 두 가지 연금을 받아요. '소득 연금'은 내 소득의 16%를 기여금으로 적립한 돈이고요, '투자형 프리미엄 연금'은 소득의 2.5%를 강제로 은행이나 투자 회사 등의 펀드에 투자하게 해서 그 수익률에 따라 나오는 연금이에요. 가입자는 여러 펀드 중에 직접 선택할 수 있지만, 만약 뭘 선택할지 모르겠다면 스웨덴 정부가 설계한 공공 펀드에 자동으로 투자돼요. 스웨덴 국민 대부분이 이 펀드를 활용하고 있어요.

은퇴 후에는 두 가지 연금을 평균 수명으로 나눠 매달 받아요. 그러니까 65세부터 연금을 받기 시작했고 평균 수명이 85세라고 하면, 내가 낸 연금 기여금을 20년 동안 나누어 받는 거죠.

두 가지 연금은 자신의 소득을 기반으로 하니까 젊었을 때 돈을 많이 벌어 적립금을 많이 냈다면 높은 연금을 받지만, 만약 젊었을 때 소득이 낮았다면 받는 연금도 적겠지요? 이럴 경우에 '최저 보증 연금'을 받습니다. 빈곤층 노인을 위한 장치이지요. 스웨덴에 40년 이상 거주했고 연금 수령액이 1만 7655크로나(약 228만 원) 미만인 노인에게는 매달 최대 1만 1603크로나(약 150만 원)의 최저 보증 연금이 지급되고 주택 급여도 별도로 지급됩니다.

스웨덴 사람들이 자신이 스웨덴 국민임을 가장 고맙게 생각하는 날이 바로 첫 연금이 통장에 들어오는 날이라고 해요. 여유 있는 생활을 할 만큼의 돈이 연금의 이름으로 매달 꼬박꼬박 들어오니까요. 누가 그러더군요. 스웨덴의 복지 정책은 자녀들이 효도할 기회를 주지 않는다고요.

하지만 얼마 뒤에는 첫 연금을 받는 날 실망하게 될지도 몰라요. 우리나라와 마찬가지로 스웨덴도 연금을 받는 노인들의 수는 가파르게 늘어나는데, 일하는 젊은이들의 수는 점점 줄어드는 상황이거든요. 스웨덴 국민은 이 상황에 대해 어떻게 생각할까요?

스웨덴 국민은 정부가 불필요한 돈을 쓰지 않는다는 확고한 믿음을 갖고 있어요. 정부가 국민 세금을 노인 지원, 보육, 교육 등 응당 쓰여야 할 곳에 쓰고 있다는 신뢰가 있으니 높은 세율도 불평 없이 감당하고 있는 것이겠죠? 자신에게 돌아올 연금 혜택이 혹시 줄어들지 모르는 미래의 연금 개혁에 대해서 스웨덴 국민은 정부의 결정을 지지할까요? 궁금해요!

다정한 시민이 되는 법

할머니의 젊었을 적 이야기를 들어요

스웨덴에는 '피카(Fika)'라는 문화가 있어요. 하던 일이나 공부를 잠시 멈추고, 동료들이나 친구들과 달콤한 계피빵을 곁들여 따뜻한 커피 한잔 마시면서 서로의 안부를 나누는 다정한 시간을 일컫는 말이랍니다. 할머니와 피카 시간을 나누는 건 어떤가요? 할머니를 모시고 동네 분위기 있는 빵집에 가서 할머니의 젊었을 적 이야기를 듣는 거예요. 할머니가 같은 이야기를 반복하는 경우도 있겠지만, 언제나 처음 듣는 이야기인 척 메모도 해 가면서요. 할머니와 속 깊은 친구가 되어 보세요. 물론 할아버지와 친구가 되어도 좋고요.

반려견이 병에 걸려도 치료비 걱정이 없어

4

반려견과 사랑을 나눠

 내가 어렸을 때 우리 할아버지와 할머니는 시골에서 사셨는데 개를 키우셨어요. 흰색 털을 가져 할아버지가 '백호'라는 이름을 지어 주셨지요. 가끔 짓궂은 동네 아이들이 개를 괴롭히는 걸 보면 할머니는 "말 못하는 짐승이라고 그렇게 하면 안 돼!"라고 소리치며 아이들을 크게 혼내셨어요.
 두 분 모두 개를 사랑하셨지만, '반려(인생을 함께 보내는 동무)'라는 생각보다는 그저 내가 보살피고 거두어야 하는 집짐승이라고 생각하셨던 것 같아요. 여름 방학 때마다 할아버지 댁에 갔었는데 백호는 가끔 가는 나도 무척 반가워해 주었어요.
 그런데 할아버지께서 돌아가시고 백호가 집을 나갔어요. 예전에 할아버지는 백호가 10리 밖에서도 집을 찾아온 똘똘한 개라고 칭찬을 많이 하셨는데요, 할머니가 동네방네 꽤 오래 찾으러 다니셨는데 결국 찾지 못했어요. 할머니는 백호가 개장수에게 붙잡혀 간 것 같다면서 정말 마음 아파하셨어요.
 요즘에 개를 키우는 사람들은 개를 집짐승이 아니라, 사람들과 삶을 함께하는 '반려'로 생각하지요. 나는 개를 키우지 않지만 사람들이 반려견을 얼마나 사랑하는지는 잘 알고 있어요. 그리고 반려견이 주인을 얼마나 사랑하고 끝까지 충성심을 지키는지도 알고 있고요.

우리나라에도 주인에게 끝까지 충성심을 지킨 개들의 아름다운 이야기가 많이 있지만, 스코틀랜드의 에든버러에도 그런 강아지가 있어요. 바비라는 이름의 강아지인데요, 그의 주인이 죽자 바비는 자신이 죽을 때까지 14년 동안 주인의 무덤 앞을 지켰다고 합니다. 바비는 주인보다 더 유명해져서 그의 동상이 세워졌고, 에든버러의 유명 관광지가 되었답니다. 바비의 코를 만지면 행운이 온다는 말에, 관광객들이 바비의 콧등을 얼마나 만져 댔는지 콧등이 매끌매끌하더군요.

우리 아파트 위층에 사시는 할아버지께서 커다란 검은 개를 키우셨어요. 1층에는 작은 개를 키우는 중년 여성이 사는데, 두 분이 개와 함께 산책을 다니시곤 했죠. 어느 날부터인가 위층의 할아버지와 검은 개가 보이지 않고, 1층의 중년 여성만 작은 개를 데리고 산책을 다니기에 할아버지와 검은 개의 안부를 물어보았어요. 슬프게도 그 착하게 생긴 검은 개가 죽었대요. 그 말을 듣는 순간, 할아버지께서 얼마나 허전하고 외롭고 상실감이 크실까 하는 생각이

들어 울컥했습니다. 그 뒤로는 할아버지를 밖에서 뵌 적이 별로 없어요.

'반려동물 보호법'을 어기면?

나라마다 역사와 문화가 다르니 사는 나라에 따라 사람들의 삶도 다릅니다. 마찬가지로 어느 나라에 사느냐에 따라 동물들의 삶도 다를 거예요. 숲속이나 산속 깊이 사는 동물들의 삶이야 비슷하겠지만, 인간 사회 깊숙이 들어와 사는 개의 삶은 나라에 따라 정말 다를 것 같습니다. 그 사회가 추구하는 가치, 사람들의 성향, 법과 규율 등에 영향을 받으니까요.

어둡고 으스스한 겨울밤 9시에 나는 혼자 동네를 산책할 수 있습니다. 내가 특별히 겁이 없어서가 아니라 그 시각에 나처럼 돌아다니는 동네 사람들이 반드시 있기 때문이에요. 그런데 그들과 나 사이에는 두 가지 차이점이 있답니다. 하나는 나는 운동하러 나왔고, 그들은 개를 산책시키기 위해 나왔다는 점이고, 또 하나는 나는 내 맘대로 방향과 속도를 정하여 걷고, 그들은 개가 원하는 방향과 속도로 걷는다는 점이에요. 개의 목줄을 잡아끌지도 않고요. 스웨덴 사람들은 개를 참 사랑하는 것 같아요.

그런데 스웨덴에는 동물을 사랑하는 사람만 있을까요? 스웨덴 동물 보호법의 역사를 찾아봤어요. 스웨덴에도 개를 포함하여 동물을 사랑하는 좋은 사람들이 많지만, 반면에 동물을 학대하는 나쁜 사람들도 있기 때문에 모두가 동물을 보호하고 동물에게 다정하게 대할 수 있도록 법을 만드는 게 중요하거든요. 내가 밤에 만나는 우리 동네 사람들은 착하지만, 개의 목줄을 강제로 잡아끌며 개에게 밥도 안 주고 발로 걷어차는 못된 사람들도 있으니까요.

스웨덴에서는 1988년에 '동물 복지법'을 제정했어요. 동물 복지법 머리말에는 "동물들에게 양질의 복지를 보장하고, 동물들의 안녕을 도모하며, 동물들을 존중하기 위함"이라고 법의 목적이 나와 있어요.

스웨덴 사람들은 반려견을 '사람과 동일한 감각과 감정을 지닌 존재'로 생각해요. 그럼 스웨덴에서 반려견을 키우고자 한다면 어떻게 해야 할까요? 반려견을 맞이하는 방법은 크게 두 가지인데요, 첫째는 스웨덴 애견 협회의 회원으로 가입되어 있는 사육사로부터 분양을 받는 거예요. 현재 회원이 30만 명이 넘는데 애견 협회는

1889년 귀족과 사냥꾼들에 의해 사냥개를 사육할 목적으로 설립되었대요. 오늘날 협회의 가장 중요한 임무는 개의 순수 혈통을 보존하는 것이랍니다.

두 번째는 매매 사이트를 통해 분양받을 수 있습니다. 사정상 개를 더 이상 키울 수 없는 주인이 개를 파는 거지요. 스웨덴의 개들은 새로운 주인을 기다리면서 동물 병원이나 펫 숍 유리창에 진열되지 않아요. 유리창 전시는 개를 '사람과 동일한 감각과 감정을 지닌 존재'로 인식하고 존중하는 행위가 아니니까요.

이렇게 집에 데리고 온 반려견은 어떻게 보살펴야 할까요? '반려동물 보호법'은 반려견에게 다정하게 대할 수 있는 방법을 자세히 알려 줍니다.

"불필요한 고통과 질병으로부터 보호를 받아야 하며, 충분한 물과 음식, 따뜻한 보살핌과 충분히 활동할 수 있는 공간이 제공되어야 하고, 건강하고 본능적인 행동이 가능한 환경을 조성해 주어야 한다. 6시간마다 한 번씩 산책을 시켜야 하고, 실내에 있을 때는 햇빛이 들어오는 창문이 있어야 한다. 개는 무리를 지어 사는 동물이므로 혼자 오래 두어서는 안 된다. 실내에서는 묶어 둘 수 없고, 실내 공기의 암모니아 수치는 10PPM 미만, 이산화 탄소는

3000PPM 미만이어야 한다. 새끼일 경우 생후 8주까지는 어미와 떼어 놓을 수 없고, 경품이나 제비뽑기 상품으로 취급될 수 없다. 그리고 생후 4개월 이전에 반드시 스웨덴 농림부에 반려견 등록을 해야 한다…."

만약 이런 규정들을 어길 경우 이를 알아차린 이웃 사람들이 경찰에 신고합니다. 스웨덴에서 동물 학대는 특히 큰 범죄 행위로 보거든요. 왜냐하면 애완견은 학대나 폭력에 저항할 수 없는 약자니까요.

개를 혼자 오래 두어서는 안 되니 주인이 직장에 가 있는 동안 돌봐 주는 강아지 유치원과 강아지 돌보미 일자리가 생겼어요. 6시간마다 개를 산책시키는 산책 전문 도우미도 있는데, 학생들 사이에서 인기 있는 아르바이트래요.

그러고 보니 동네 사람들이 밤이라도 나와서 개를 산책시키고, 위층 할아버지께서 검은 개를 산책시키신 이유는 6시간마다 개를 산책시키라는 법을 지키기 위함이었네요. 그런데 지금 생각해 보니, 위층 할아버지의 경우 개의 산책은 법만 지킨 게 아니고 할아버지의 건강도 지킨 것 같아요. 집에만 계시는 건 할아버지의 건강에 좋지 않으니까요.

개를 털로 평가하지 마!

스웨덴은 민간 보험임에도 불구하고 반려견 보험 가입률이 80%로 세계 최고입니다. 동물 보호법 선진국으로 알려진 영국이나 노르웨이 등의 보험 가입률이 대략 20%라고 하니 비교할 수 없이 높은 수준이죠. 보험 덕분에 스웨덴 반려견들은 병에 걸려도 치료비 걱정이 없고, 엄격한 등록제 덕분에 버려지는 개도 별로 없습니다.

스웨덴 사람들은 어린아이를 독립적인 한 명의 인간으로 존중하고, 부모는 자녀를 자신이 원하는 대로 키우는 게 아니라 자녀가 타고난 성향대로 자라도록 배려합니다. 스웨덴의 동물 관련 법률과 제공 프로그램을 찬찬히 들여다보니, 반려견을 기르는 일도 이와 비슷하더라고요.

"개를 털로 평가하지 말라."는 북유럽 속담이 있어요. 개에게도 겉으로 드러나지 않는 내면이 있다는 말인데요, 스웨덴 애견 협회는 '개의 행동 양식과 성격 평가'라는 독특한 프로그램을 개발했습니다. 7단계의 다양한 상황을 만들어 개의 반응을 살펴보고 개의 천성을 알아내는 프로그램인데, 개와 개 주인이 동시에 참여합니다. 마치 자녀처럼 개도 타고난 성향대로 자라도록 배려하려는 것이지요. 이 프로그램은 약 30분간 진행되고요, 체크하는 내용은 다음과 같습니다.

❶단계 낯선 사람이 다가왔을 때 공격적인지 순종적인지

❷단계 사물을 이용한 놀이에 대한 의지와 태도

❸단계 음식에 대한 호불호 또는 용기에 들어 있는 음식을 꺼내기 위해 어느 정도 노력을 하는지

❹단계 갑자기 나타나는 사람의 실루엣에 공격성을 보이는지 또는 공포심을 나타내는지

❺단계 갑작스러운 소음에 어떻게 대처하는지

❻단계 어느 정도 떨어진 거리에서 이상한 옷차림을 한 낯선 사람이 이상한 행동을 할 때 어떤 반응을 보이는지

❼단계 생소한 느낌의 물질로 만들어진 거리를 걸을 때 어떤 반응을 보이는지

이 프로그램은 개가 사교적인지 과묵한지 성격을 알게 해 주고, 호기심이 있는지, 위협적인 상황은 어떻게 대처하는지, 현재 개의 정서 상태가 안정적인지 불안한지도 알려 줍니다. 사랑은 그 대상을 잘 아는 것에서부터 시작하니 이런 프로그램은 반려견을 사랑하는 데 큰 도움이 되겠지요?

사자와 북극곰이 어떻게 한곳에서 만나?

개만 이렇게 타고난 성향대로 자라고 살도록 배려받아야 할까요? 개가 유독 우리 인간들과 친한 동물이기는 하지만, 동물 중에 오로지 개만 이런 보살핌과 배려를 받는다는 게 어쩐지 내겐 불공평해 보여요. 어떤 동물들은 자신의 성향대로 사는 건 고사하고, 강제로 끌려와 동물원 철창에 갇혀 지내기도 하잖아요. 일반 자연 생태계에서라면 사자와 북극곰이 한곳에서 만날 수 있겠어요? 동물원에 갈 때마다 자연을 거스른다는 생각이 들어 마음이 불편했어요.

그래서 내가 사는 지역의 '스코네 동물원'을 소개하고 싶어요. 이곳에는 원래 서식지가 북유럽인 동물들만 모아 놓고, 그들의 생태적 삶을 최대한 방해하지 않게 널찍이 울타리를 쳐 놓았어요. 비록 동물원이긴 하나 스코네 동물원의 동물들은 자신의 성향에 맞는 자연스러운 삶을 누리고 있는 거지요. '개의 행동 양식과 성격 평가'라는 독특한 프로그램의 개념을 더 많은 동물에게 적용한 것 같아요. 사나운 회색늑대나 스라소니 같은 무서운 동물들을 직접 데려다가 성격 테스트를 할 수는 없으니, 그들의 서식지를 그대로 조성해 주어 살게 한 것이지요.

스코네 동물원에는 우리 아이들이 어렸을 때 몇 번 갔었는데요, 야생 회색늑대는 딱 한 번 봤어요. 늑대가 사는 곳이 너무 크고 울창한 숲이어서 늑대를 찾기 어려웠거든요. 스코네 동물원에서는 동물들이 좁은 철창에 갇혀 있지 않아서 마음이 불편하지 않았어요.

그런데 스웨덴에도 사람들을 위한 위락 시설을 갖추고 밀림의 왕자 사자를 이 추운 북유럽에서 볼 수 있는 동물원이 있답니다. 바로 콜모르덴 동물원인데요, 원래 이 동물원 자리는 숲이었어요. 120년 전에 쓰인 『닐스의 신기한 모험』이란 유명한 소설이 있는데요, 소설 속에서 '그로펠'이라는 말코손바닥사슴이 동물원에 팔려가기 싫어 도망친 곳이 바로 콜모르덴 숲이었어요. 그런데 바로 그 숲에 스칸디나비아에서 가장 큰 '인간을 위한 동물원'이 생기다니요! 동물원 수족관에서 돌고래 쇼도 볼 수 있고, 사파리 야생 공원에서는 호랑이를 볼 수도 있대요.

콜모르덴 동물원은 갇혀 있는 동물들의 슬픔이 그대로 전해지는 그런 동물원이에요. 그래서인지 다른 동물원에 비해 사고가 많이 발생했습니다. 고릴라가 돌멩이를 던져 지나가던 관람객이 다친 적도 있었고요, 먹이를 주던 30대 여성 사육사가 늑대에게 물린 적도 있었어요. 자연스러운 삶을 살지 못하는 동물들의 스트레스가 그대로 느껴지지요?

　개가 원하는 방향과 속도로 걸어가는 동네 사람들로부터 나는 개를 대하는 사람들의 따뜻하고 다정한 마음을 느낄 수 있었는데요, 이런 다정한 마음이 다른 생명체로도 확장되면 정말 좋겠어요. 지구상에 존재하는 모든 생명체는 서로를 필요로 하거든요. 모두 함께 얽히고설켜서 복잡하고 놀라운 생태계를 이루고 있으니까요. 비록 만물의 영장이라고는 하지만 인간도 거대한 생태계 속에 그저 한 자리를 차지하고 있으니, 개뿐만이 아니라 모든 생명체가 곧 인류에게 '반려'가 아닐까요?

다정한 시민이 되는 법

반려견의 마음을 읽어 봐요

우리 집 토리가 산책 가자고 했을 때 꼬리를 흔들지 않으면, 오늘은 그냥 조용히 있고 싶은 날일 수도 있어요. 밥을 남긴 날은 입맛보다 기분이 문제일지도 몰라요. 혼날까 봐 눈을 피하는 게 아니라 마음을 어떻게 표현해야 할지 모를 수도 있어요. 스웨덴에서는 반려견의 행동을 버릇으로 보기보다, 하나의 언어로 읽으려고 해요. 우리도 실천할 수 있어요. 짖는 이유를 먼저 생각해 보기, 무언가를 거부할 땐 잠시 멈춰 보기, 감정에도 이유가 있다는 걸 잊지 않기! 다정함은 가르치는 게 아니라 이해하려는 마음에서 시작돼요.

5

평등하게 대접받고
독립적으로 살아

선진국 거리에 장애인들이 많다고?

　지금은 스웨덴에서 살고 있지만 30년 전 내가 유럽에서 가장 먼저 가 본 나라는 독일이었어요. 대학교에서 독일 문학을 전공했기 때문에 독일에 꼭 가 보고 싶었거든요. 그런데 독일에 가 보니 이 잘산다는 나라 거리에 장애인들이 아주 많은 거예요. 너무 의아했어요. 그 무렵 우리나라에선 거리에서 장애인을 거의 볼 수가 없었으니까요. 그런데 의아함은 곧 놀라움으로 바뀌었습니다.

　독일에 간 지 얼마 되지 않았던 어느 날, 정류장에서 버스를 기다리는데 바로 앞에 휠체어를 탄 장애인도 버스를 기다리고 있었어요. 나는 저 휠체어가 어떻게 버스에 올라갈 수 있을까 의아하게 생각했죠. 드디어 버스가 왔어요. 아, 버스가 휠체어가 올라갈 수 있도록 한쪽으로 비스듬히 낮게 기울어지는 게 아니겠어요? 애초에 장애인들을 위해 모든 버스를 그렇게 만든 거예요. 출입문 계단의 턱을 없애자 휠체어를 탄 장애인은 바퀴를 굴려 버스에 올라탔어요.

　그제야 주변을 주의 깊게 살펴봤더니 거리뿐만 아니라 대부분의 건물이나 시설들이 모두 장애인들이 다니기 쉽게 설계되어 있었어요. 우리나라 거리에서 장애인을 많이 볼 수 없었던 이유는 장애인이 많지 않아서가 아니라 장애인이 돌아다니기 어렵기 때문이라는 것을 깨달았어요. 솔직히 내겐 문화적 충격이었어요. 내 주변에 장애인이 없었기 때문에 장애인에 대해서 관심이 별로 없었는데, 독일 사람들은 모든 시설을 장애인을 위해 설계해 놓다니요. 그게 30년 전 일이었어요.

그때 문득 고등학교 시절 우리 반의 장애인 친구가 떠올랐어요. 그 친구가 내가 가장 뚜렷하게 기억하는 장애인이거든요. 그 친구는 심한 소아마비를 앓아 잘 걷지 못했는데 매일 업어서 학교에 데려다주던 도우미 언니가 있었어요. 그때 나는 장애인에겐 저렇게 도와주는 사람이 있어야겠다는 생각만 했지, 건물이나 도로 등을 장애인이 다니기 쉽게 만들어야 한다는 생각은 못 했어요. 그 두 사람은 얼마나 힘들었을까요? 당시 우리 학교에는 엘리베이터는커녕 장애인 화장실조차 없었으니까요.

지금 내가 사는 스웨덴도 독일처럼 길거리, 건물, 공공시설 모두 장애인을 배려한 구조로 설계되어 있답니다. 이러한 시설들은 짧은 시간에 마련될 수 있는 게 아니에요. 정치인과 국회 의원들이 사회적 약자를 어떻게 배려할 것인가에 대해 오래 고민하고 연구해서 낸 정책들이 하나둘 쌓여서 된 것이지요.

장애인과 비장애인이 서로 어울려 살아

'장애가 있는 사람들과 장애가 없는 사람들 간의 격차를 줄이는 것'이 스웨덴 장애인 정책의 목표입니다. 그래서 장애인도 비장애인과 동일한 조건과 환경 속에서 살면서, 비장애인처럼 자신의 삶을 독립적으로 유지할 수 있도록 지원하는 다양한 제도와 법을 만들었어요. 스웨덴에서 장애인을 자주 만날 수 있는 이유가 바로 여기에 있어요. 장애인과 비장애인이 서로 어울려 이웃으로 살기 때문이에요.

스웨덴의 장애인 복지 제도는 '개인 단위의 맞춤형 돌봄 시스템'으로 설계되었습니다. 개인마다 장애의 정도도 다르고, 처한 환경도 다르고, 무엇보다 개성과 취향이 다르기 때문이지요. 평등과 자립을 중요하게 생각하는 스웨덴 사람들은 장애인들도 평등하게 대접받고, 스스로 독립적으로 살아야 한다고 생각해요.

그렇다면 평등은 어떤 것일까요? 모든 사람에게 똑같은 조건을 주는 것이 평등일까요? 어느 날, 여러 사람이 높은 건물의 꼭대기 층에서 열리는 회의에 참석해야 했어요. 하지만 건물에는 계단만 있었어요. 비장애인들은 회의에 참석하는 데 문제가 없었지만, 휠체어를 사용하는 장애인은 계단을 이용할 수 없어 회의에 참석하지 못했어요. 모두에게 똑같이 계단이라는 조건만 주는 것이 평등일까요?

   이 경우, 진정한 의미에서 평등이란 장애인도 비장애인과 동등하게 회의에 참석할 수 있도록 엘리베이터를 설치하는 것입니다. 모두가 같은 기회를 가질 수 있도록 환경과 조건을 조정하는 것이에요. 즉 '회의 참석'이라는 기회를 가질 수 있도록 '엘리베이터 설치'라는 조건을 만드는 것이죠. 장애인들이 독립적으로 살 수 있도록 여러 가지 조건들을 조정하고 배려하는 것! 이것이 스웨덴 사람들이 생각하는 평등입니다.

   스웨덴에는 장애인 수용 시설이 없습니다. 예전엔 스웨덴에서도 장애인이 한 명의 독립적인 인간이 아니라 보호의 대상으로 여겨져서 시설에서 보호 감찰 하에 생활하는 게 당연하다고 생각했어요. 심지어 장애인에게 자기 삶에 대해 선택을 할 수 있는 권리, 즉 자기 결정권을 주는 것 자체가 위험하다고 생각하고 그들의 삶에 대한 모든 결정을 보호자, 대리인 혹은 담당 공무원에게 맡겼어요. 장애인은 '이렇게 사는 게 내 운명인가 보다…' 하고 수용 시설 안에서 살다가 생을 마감했죠.

하지만 장애를 가졌다는 이유로 무조건 집단생활을 하는 수용 시설에서 따로 살게 하면 평등의 원칙에 위배돼요. 그런 곳에는 직원마다 돌봐야 하는 장애인 인원이 할당되어 있고, 또 자신의 의사와 상관없이 일률적으로 따라야 하는 스케줄이 있어서 장애인은 자신의 일상적인 삶조차 원하는 대로 살 수가 없어요. 그러니 자립의 원칙에도 위배되죠.

그러나 수용 시설을 없애는 과정은 만만치 않았어요. 반대하는 사람들의 우려 섞인 목소리가 컸기 때문이에요. '가벼운 장애라면 모를까 중증 장애인이 과연 독립적인 삶을 주도적으로 살아갈 수 있을까?'라는 의견이었죠. 하지만 '수용 시설'이야말로 장애인과 비장애인 사이를 가르는 핵심적인 분단선입니다.

1960년대에 스웨덴의 한 공무원이 장애인 수용 시설을 방문했는데 그곳의 열악함에 충격을 받고, 당시 보건 사회부 장관에게 수용 시설 폐쇄를 건의했대요. 이후 시설 폐쇄를 법에 처음 명시한 것은 1967년 '장애인 보호법'이라고 합니다. 하지만 20년 동안 장애인을 서서히 수용 시설에서 내보내서 사회에 통합시킨다는 느슨한 이야기만을 담고 있어서 법 시행 속도가 더디었고, 수용 시설 폐쇄가 빨리 이루어지지 않았어요. 뭔가 지지부진하면서 답답하던 때에, 새로운 바람을 일으킨 선각자 같은 사람이 등장합니다.

자신이 소아마비 장애인으로 5년간 수용 시설에서 산 경험이 있는 아돌프 라츠카 박사는 미국 유학 시절에 '자립 생활 운동'을 알게 되었어요. 스웨덴에 돌아온 라츠카 박사는 장애인 자립을 위한 인권 운동 단체 '인디펜던트 리빙 인 스웨덴'을 설립했어요. 라츠카 박사는 수용 시설에서 최고로 누릴 수 있는 것은 '생존'뿐이라며, 진정한 삶이란 '친구와 가족들과 함께 어우러져 살고, 내 일상을 계획하고, 사회에 기여하고, 내가 좋아하는 일을 찾아 할 수 있는 삶'이라고 했어요. 장애인에게도 의미 있고 풍부한 삶을 살 권리가 있다고 주장한 거죠.

라츠카 박사의 자립 생활 운동에 영향을 받은 스웨덴 정부는 1994년, '특정한 기능 장애인에 대한 지원 및 서비스 관련 법률'을 제정해요. 이 법은 장애인들이 비장애인들과 마찬가지로 독립적이고 품위 있는 삶을 영위할 수 있도록 사회에서 평등한 기회를 제공하고, 자립 생활을 보장한다는 목표를 가지고 있습니다. 이 법에는 '2000년까지 수용 시설을 모두 폐쇄한다.'라고 명시되어 있어요. 하지만 이것도 미온적이라 생각하고, 1997년에는 아예 '수용 시설 폐쇄법'을 제정해서 1999년 12월 31일 자로 모든 수용 시설을 강제

로 폐쇄해 버립니다. 장애인 수용 시설 폐쇄는 정부의 강력한 의지로 진행된 거예요. 반대와 우려의 목소리를 모두 물리치고요.

'활동 지원 서비스'는 합법적이고 당당한 권리

1994년에 제정된 '특정한 기능 장애인에 대한 지원 및 서비스 관련 법률'은 중요한 의미를 지녀요. 왜냐하면 이 법률에 명시된 '개인별 맞춤 활동 지원 서비스' 덕분에 장애인이 수용 시설에서 벗어나 자신이 원하는 곳에서 살게 되었고, 각자 원하는 바에 따라 서비스를 받으면서 자기 결정권을 행사하고, 활동적이고 능동적인 삶을 살 수 있게 되었기 때문이에요. 활동 지원 서비스는 장애를 가진 스웨덴 시민이 받는 합법적이고도 당당한 권리랍니다.

활동 지원 서비스는 10가지인데, 그중 몇 가지를 소개할게요. 상담 및 개인 전문가 지원이나 식사나 의사소통을 위한 일상의 활동 지원은 당연히 들어가고요, 여기에 심부름을 비롯해 친척이나 친구를 만나는 활동을 함께하는 동반자 서비스가 있어요. 동반자 서비스 덕분에 어떤 사람은 활동 보조인과 함께 스페인 여행을 다녀

오기까지 했대요. 두 사람의 여행 경비요? 평소에 받는 활동 지원 서비스 보조금을 아껴 모아 두었다가 여행 경비에 썼다더군요.

얼마 전에 K팝을 엄청 좋아하는 시각 장애 소녀가 내 작은 레스토랑에 와서 비빔밥을 먹었어요. 활동 보조인과 함께요. 두 사람이 무척 다정하길래 나는 자매나 친한 친구인 줄 알았어요. 또 단기 보호 서비스가 있는데 이건 정말 필요한 서비스 같아요. 중증 장애 아동을 돌볼 때, 부모는 하루 24시간 너무 힘들잖아요. 부양자에게 휴식을 제공하기 위해서 한 달에 한 번 장애 아동을 다른 가정이나 캠프에 보내는 거예요. 내 직원의 아이가 중증 자폐아인데 단기 보호 서비스 덕분에 한 달에 며칠 동안 꿈 같은 시간을 보낸다고 해요.

그런데 이 아이는 캠프만 가는 게 아니고, 비장애 아동들과 함께 일반 학교에 다닙니다. 중증 자폐아도 사회 구성원으로서 더불어 사는 법을 배워야 하기 때문이에요. 아이는 교실에서 필요에 따라 특수 교사의 활동 보조 서비스를 받습니다. 스웨덴 아이들은 장애를 가진 친구들과 함께 지내는 것에 익숙하고, 그들이 어떤 어려움을 겪는지 어려서부터 자연스럽게 알게 돼요. 교실에서 장애를 가진 친구와 가깝게 지내던 아이가 자라서 국회 의원이 된다면 장애인을 위한 좋은 법안을 많이 생각할 것 같아요.

활동 지원 서비스 이외에, 장애인의 자립을 위한 기본 조건이 있어요. 바로 장애인의 접근 이용성입니다. 활동 지원 서비스를 받아 영화를 보러 가고 싶은데, 막상 영화관이 휠체어가 들어갈 수 없는 구조라면 서비스의 의미가 없겠죠. 앞서 얘기했지만 독일은 이미 30년 전에 모든 건물을 장애 친화적으로 지었어요. 스웨덴도 새로 짓는 건축물은 장애 친화적이어야 한다는 강제 규정이 있고요. 기존의 건물을 재건축할 경우에는 정부가 보조금을 줍니다.

이 접근성은 단지 건물에만 국한되는 것이 아니고, 서비스, 제품, 환경, 정보, 교통 등 다양한 분야에 평등하게 접근하고 이용할 수 있는 권리와 조건을 의미해요. 그래서 스웨덴의 장애인들은 가지 못하는 곳, 하지 못하는 것이 별로 없어요.

스웨덴 장애인 정책의 핵심 세 가지는 첫째 수용 시설 폐쇄, 둘째 개인별 맞춤 활동 지원 서비스, 셋째 접근성을 위한 인프라 구축이라 하겠어요. 사실 이런 정책을 실행하려면 예산이 많이 듭니다. 스웨덴은 국내 총생산 대비 장애인 복지 지출이 5%를 넘는다고 해요. 2.5%인 경제 협력 개발 기구(OECD) 국가 평균의 두 배 이상이에요. 그런데 한국은 0.6% 정도이니 지출 규모는 비교하기 어려울 정도로 차이가 크네요.

스웨덴에서는 무상 의료를 실시하기 때문에 부자이거나 가난한 사람이거나 아픈데 치료받지 못해 죽는 사람이 없고, 무상 교육을 실시하기 때문에 공부하고 싶은 사람은 누구나 공부할 수 있습니다. 무상 의료, 무상 교육이란 제도 덕분에 '가난'이란 약점을 가진 사람이 '치료'와 '교육'의 기회를 동등하게 제공받을 수 있는 거죠. '가난'은 경제적 약점이고, '장애'는 신체적 약점이에요.

  스웨덴은 경제적 약점을 가진 사람들을 위해 무상 의료와 무상 교육이라는 제도를 실시하고, 사람들은 이를 시민으로서 받는 당연한 권리로 생각합니다. 마찬가지로 신체적 약점을 가진 장애인들이 다양한 제도의 도움으로 필요한 지원을 받는 것을 당연한 권리라고 생각해요. 불쌍하니까 도와주는 게 아니라 동등한 사회 구성원으로서 함께 잘살기 위해 필요한 지원을 제공해야 하는 거죠.

  장애인들의 활동을 돕는 편의 시설들을 만들고, 제도를 마련하는 것은 '선의'가 아니라, '의무'입니다. 장애인은 단지 신체적 약점을 가진 사람들일 뿐, 우리와 동등한 권리와 의무를 지닌 사회 구성원이기 때문이에요.

  "우리는 모두 서로 다른 약점을 지닌 사람들일 뿐 다르지 않아요!"

다정한 시민이 되는 법

작은 배려를
할 수 있어요

장애가 있는 친구를 마주쳤을 때, 괜히 피하거나 지나치게 도와주려 할 때가 있어요. 하지만 진짜 다정함은 특별하게 대하는 것이 아니라, 같은 사람으로 대하는 것이에요. 우리도 할 수 있어요. 휠체어를 탄 친구가 문 앞에 있으면 "도와줄까?"라고 먼저 묻고 문을 열고 잡아 주어요. 말이 느리거나 정확하지 않은 친구의 이야기는 끝까지 귀 기울여 듣고요. 걸음이 불편한 친구와는 비슷한 속도로 걸어요. 작은 배려들이 모이면 다름은 불편이 아니라 함께 살아가는 방식이 돼요.

왜 이민자와 난민을 도울까?

인권을 중시하는 사회, 노동력이 필요한 사회

스웨덴은 난민과 이민자들에게 관대한 나라입니다. 땅은 넓은데 인구가 적으니 노동력이 많이 부족했기 때문이에요. 여러 가지 이유로 스웨덴에 이주하게 된 난민과 이민자들은 외국인 노동자가 되어 스웨덴에 큰 경제적 이득을 가져다주었습니다.

만약 난민과 이민자들, 그러니까 외국인 노동자들이 모두 떠난다면 스웨덴은 어떤 면에서 '멈춤' 사회가 될지도 몰라요. 요즘엔 스웨덴뿐 아니라 많은 나라가 그럴 것 같아요. 한국도 외국인 노동자들이 많아졌지요?

2023년 스웨덴 통계청 조사에 따르면 스웨덴에 살고 있는 사람 중에 외국 출생자는 총 214만 명이라고 해요. 스웨덴 인구가 천만 명이 조금 넘으니 난민과 이민자 비율이 무려 20%를 차지하는 거예요.

스웨덴은 투자 이민이 허용되지 않기 때문에 스웨덴에서 사는 외국인들은 학생이거나, 스웨덴 직장에 일자리가 생겨서 왔거나, 아니면 난민이랍니다. 그중 난민이 가장 많은데 대부분 중동이나 아프리카 지역에서 발생한 내전 및 전쟁을 피해 도망쳐 온 사람들이에요. 특히 시리아 내전, 아프가니스탄, 이라크, 소말리아 폭력 사태로, 2015년 한 해 동안 난민 신청자 수가 16만 명이 넘었답니다.

인구가 고작 1천만 명인 스웨덴이 한꺼번에 그렇게 많은 난민을 수용하는 것은 쉬운 일이 아니었고, 당시 사회적으로 큰 이슈였어요. 하지만 인권을 중시하는 스웨덴은 난민을 홀대하지 않았고, 통합을 이루기 위해 여러 가지 노력을 하고 있습니다.

비빔밥을 만드는 작은 레스토랑을 열다

나는 난민은 아니고요, 남편이 갑자기 스웨덴에서 직장을 구해 오게 되었어요. 이민자가 된 것이죠. 와서 보니 스웨덴 사람들은 남성이든 여성이든 모두 일을 하더라고요. 누구나 직장 생활을 해서 돈을 번다는 얘기예요.

스웨덴이 복지 국가가 된 이유가 여기에 있어요. 모두 일해서 소득세 등 여러 세금을 내고, 그렇게 내는 세금으로 좋은 복지 제도를 만들어 전 국민이 학비 없이 학교에 다니고, 중병에 걸려도 돈 걱정 없이 치료를 받을 수 있도록 하지요. 이외에도 많은 복지 혜택이 있답니다.

나도 일을 하고 싶었지만 외국인인 데다가 스웨덴어도 못 해서 일자리를 구하기가 쉽지 않았어요. 하지만 일을 찾는 과정에서 스웨덴 정부가 어떻게 이민자를 돕는지 경험할 수 있었습니다.

나는 궁리 끝에 비빔밥을 만드는 작은 레스토랑을 하나 열기로 마음먹었습니다. 하지만 스웨덴어도 못 하고 스웨덴 법도 잘 모르는 외국인이 레스토랑을 여는 것은 쉬운 일이 아니었어요. 장소를 구하는 일부터, 어디에 등록을 하고, 어떤 절차를 밟아야 하는지 전혀 몰랐으니까요.

나는 이곳의 한 여성 단체의 회원인데요, 나랑 친한 오사에게 레스토랑을 열고 싶은데, 혹시 도움을 줄 수 있겠냐고 물었어요. 오사는 눈을 반짝이며 내게 '하이웨이 투 비즈니스'를 소개해 주었어요. 하이웨이 투 비즈니스는 네 개의 공공 기관이 모여서, 스웨덴에 새로 이주해 온 외국인들이 자기 사업을 시작할 수 있도록 도움을 주는 협업 프로젝트의 이름이에요.

오사는 그 네 개의 공공 기관 중 하나인 '틸벡스트 말뫼'라는 사회적 기업에 다니고 있었는데, 마침 이 프로젝트 담당자래요. 오사는 나를 하이웨이 투 비즈니스의 지원을 받을 수 있도록 등록시키고, 레스토랑을 열 수 있도록 차근차근 도와주었어요.

이 프로젝트에 참여한 네 개의 공공 기관 중에는 말뫼 시청도 있었는데요, 말뫼 시청 매니저인 파디도 말뫼의 레스토랑 업계에서 나름 '큰손'을 소개해 주면서 내가 마땅한 장소를 찾도록 도와주었어요. 이 프로젝트의 적극적인 도움으로 레스토랑 자리를 찾을 수 있었답니다. 문을 열고 난 뒤에도 레스토랑 홍보 등 여러 가지로 많은 도움을 주었어요.

하이웨이 투 비즈니스는 마치 맞춤형 서비스 같았어요. 개개인이 처한 상황과 능력에 맞게 최선의 길을 가도록 도와주었거든요. 스웨덴의 정책적 도움이 정말 고맙게 느껴졌습니다.

스웨덴에는 이민자나 난민들에게 포괄적인 도움을 주는 프로그램이 있어요. 스웨덴 거주 외국인들에게 제공되는 스웨덴어 교육 프로그램(SFI)인데요, 이민자들이 스웨덴 사회에 잘 적응하고 일상생활 및 직업 생활에서 언어를 효과적으로 사용할 수 있도록 도와줘요. 또 스웨덴 사회 전반에 대한 지식과 직업 교육을 제공해 줍니다. 나중에는 직업도 알선해 주고요.

다양한 교육 기관에 스웨덴어 교육 프로그램(SFI) 과정이 개설되어 있는데, 무료로 제공되는 교육이라 내가 아는 이민자나 난민들

중에 이 과정을 거치지 않은 사람은 거의 없답니다. 주간반, 야간반, 온라인 코스 등 다양한 수업 방식을 선택할 수 있어요.

　어느 날, 나의 레스토랑으로 연락이 왔어요. 이 과정에서 공부하는 학생 한 명이 한국 음식을 배우고 싶어 하는데, 혹시 한 달 동안 견습생으로 받아 일을 가르쳐 줄 수 없겠느냐고 물었어요. 나는 흔쾌히 그러겠다고 대답했어요.

　스웨덴어 공부와 직업 교육을 함께 받고 있는 22세 소말리아 난민 학생이었는데, 요리사가 되고 싶대요. 스웨덴어를 가르치는 담임 선생님이 견습생을 데리고 와서 내게 잘 부탁한다고 인사를 했어요. 견습생을 바라보는 선생님의 눈빛이 어찌나 다정하던지 마치 견습생의 엄마 같다는 생각을 했습니다. 그 뒤로도 몇 명의 견습생들이 더 왔는데 무엇보다 보호자로 함께 온 담임 선생님들의 따뜻한 모습이 감동적이었습니다.

　22세 소말리아 학생은 이슬람교를 신실하게 믿는 무슬림이었어요. 낮 열두 시만 되면 어딘가를 향해서 절을 하더라고요. 독실한 무슬림들이 그렇게 한다는 얘기는 들었지만 실제로 본 건 처음이었어요. 말로만 듣던 종교 의식을 실제 행하는 사람을 가까이에서 보니, 무척 신선하고 흥미로웠어요. 또 다른 태국인 직원은 불교 신자

이고, 필리핀인 직원은 천주교 신자예요. 내 작은 레스토랑 부엌에서 일하는 세 명이 제각각 다른 종교를 갖고 있었답니다.

다름을 인정하는 통합의 길

스웨덴 사람들은 모든 사람이 평등하게 살아야 한다고 생각해요. 하지만 태어난 환경, 타고난 능력이 다 다른데 사람들이 어떻게 평등할 수 있을까요? 여기서 말하는 평등이란 인간의 존엄성과 연관이 있어요. 부자이건 가난하건, 사회적 지위나 학력이 높건 낮건 상관없이 인간은 누구나 존엄한 존재로 평등하게 존중받아야 한다는 거예요.

이것은 스웨덴 사람들이 난민이나 이민자를 대하는 태도를 보면 알 수 있어요. 난민과 이민자들도 의료, 교육, 주거 등에서 스웨덴 사람과 똑같은 복지 혜택을 받고, 노동 환경이나 고용 조건 등에서도 차별을 받지 않거든요.

만약 이민자라고 해서 위험한 곳에서 안전 장비 없이 일하게 한다거나, 임금을 적게 준다거나, 초과 근무를 시키거나 하면 큰 벌을 받아요.

그런데 스웨덴 정부가 아무리 배려해 줘도 이민자나 난민들은 스웨덴 사회에서 주류가 되기 어려워요. 이들의 자녀들 역시 현실적으로 넘기 어려운 장벽이 많이 있어요. 먼저 언어 장벽인데요, 스웨덴어를 못하면 학교 수업을 따라가기도, 친구를 사귀기도 어렵죠. 그리고 스웨덴 아이들은 어려서부터 함께 축구나 수영 등을 배운 친구들과 그룹 지어 친한 경우가 많은데, 좀 커서는 그 그룹에 끼기 어렵거든요. 그렇게 어쩔 수 없이 스웨덴 아이들로부터 소외되기도 하고, 난민이란 신분 때문에 스스로 위축되기도 해요. 부모 또한 언어 소통 문제로 아이를 돕기가 어렵답니다.

게다가 교육 격차 또한 뚜렷해요. 난민 아이들은 본국의 전쟁이나 이주 과정에서 교육을 전혀 받지 못하는 기간이 생겨요. 짧게는 몇 달, 길게는 몇 년씩이나요. 그래서 학업을 따라가는 데 어려움을 겪죠.

문화적 차이도 있어요. 종교 규율이 엄격하고 여전히 남녀 차별이 일상적인 중동 지역 문화와 모든 면에서 자유와 평등을 추구하는 스웨덴 문화는 너무나 다르거든요. 특히 사춘기 청소년들은 부모 세대의 문화와 스웨덴 사회의 가치관 사이에서 갈등을 겪으며,

가정 내 불화도 많다고 해요.

그런데요, 앞서 언급했듯이 한꺼번에 많은 난민을 받아들여서 스웨덴 사회에 많은 문제가 생겼어요. 집에 며칠 묵어가는 손님이 한두 명 온대도 여러 가지 준비할 것이 많은데, 준비할 시간도 없이 한꺼번에 수십만 명의 난민을 받아들여야 한다면 어려움이 정말 많겠지요? 주거 문제, 교육 문제, 구직 문제 등등….

그래서 난민 수용을 반대하는 스웨덴 사람들이 많이 생겼어요. 국민의 여론을 무시할 수 없는 정부는 난민에게 관대했던 정책들을 조금씩 까다롭게 변경시켰습니다. 이에 따라 난민 신청이 거절당하는 일이 잦았고, 곧잘 추방 명령도 떨어졌어요. 전쟁이나 내란이 한창인 본국으로 돌아갈 수도 없고, 스웨덴에서 살 수도 없는 딱한 처지의 난민들이 많아졌지요.

그런데 이 딱한 난민들에게 더 딱한 일이 발생했답니다. 아이들이 그만 잠들어 버렸어요. 몇 달씩, 심지어 몇 년 동안이나 깨지 않고 잠을 잔대요. 눈은 감겨 있고, 팔다리는 축 늘어진 채 미동도 없어요. 아이들 몸에 튜브를 연결하여 생존에 필요한 최소한의 영양분을 공급하고, 부모는 혹시 아이의 몸이 굳지 않을까 자주자주 몸을 움직여 주고 마사지를 해 줘요.

이 아이들은 처음엔 밥을 먹지 않았고, 그다음엔 말을 하지 않았대요. 어느 날은 일어나기를 거부했고, 그다음 날엔 눈을 뜨지 않았대요. 아이들은 의학적으로 살아 있으나, 살아 있다는 것을 입증해 줄 만한 어떤 움직임도, 말도, 표정도 없답니다. 마치 몸의 전원이 꺼진 것처럼 보이는 이 불가사의한 수면 상태를 의사들은 '체념 증후군'이라 부릅니다. 주로 난민 신청이 거부되었거나 추방을 앞둔 가정의 아동에게서 나타나는데, 유독 스웨덴에 이런 아이들이 많답니다.

　삶이 거절당한 절망감과 두려움 속에서 그 어떤 저항도 할 수 없는 가장 취약한 아이들의 몸이 스스로 전원을 꺼 버린 게 아닐까요? 그 모습은 마치 아이들 내면의 손이 조심스럽게, 그러나 단호하게 이 삶에서 로그아웃한 행위 같아요.

　그렇다면 체념 증후군은 회복이 불가능한 병일까요? 앓던 아이들이 회복되기 시작한 결정적인 계기는 추방 위협이 사라지고, 가족의 거주 자격이 인정되었을 때였어요. 즉 난민 신청이 받아들여진 후였답니다. 이제는 안전하다는 믿음, 삶이 계속될 수 있다는 확신이 들자 아이들은 서서히 눈을 뜨고, 말하고, 다시 움직이기 시작했어요. 〈체념 증후군의 기록〉이란 다큐멘터리 영화를 봤는데요,

이런 사례가 나오더군요.

한동안은 이 체념 증후군이 악성 루머에 시달렸어요. 난민 허가증을 얻기 위해 연기를 한다, 부모들이 아이들에게 독을 먹여 이용하고 있다는 등등…. 그러나 아무리 조사를 거듭해도 인위적 조작이란 증거는 나오지 않았고, 실제로 존재하는 질환이라는 게 밝혀졌죠.

질환이긴 해도 체념 증후군은 의사들이 고칠 수 있는 병이 아니에요. 이 병은 무슨 무슨 이유를 들어 전쟁과 내란을 일으킨 정치인들이 고칠 수 있어요. 전쟁과 내란을 멈추면 체념 증후군은 사라질 질병이니까요. 체념 증후군을 앓는 아이들의 고통은 단지 개인의 문제가 아니라, 세계 곳곳에서 여전히 벌어지는 전쟁과 정치적 무책임의 결과물이에요. 나는 전쟁을 일으키는 정치인을 '힘 있는 흉악범'이라고 부르고 싶어요. 그 흉악범들은 아이들이 앓고 있는 체념 증후군을 알기나 할까요?

체념 증후군은 정책이나 문화, 제도, 사회가 어떻게 한 아이의 고통을 만들어 내고, 또 그것이 어떤 방식으로 드러나는지를 보여 주는 특별한 사례예요. 아이의 잠은 가장 연약한 자가 살려 달라고 부르짖는 침묵의 외침이 아닐까요? 세상은 '아이들이 희망'이라고 말

하지요. 하지만 그 희망이 이불 속에 침묵으로 숨고 있어요.

힘없는 사람들이 쫓겨 다니고, 문을 두드리며 살아남으려 애를 쓰고 있어요. 이런 시대일수록 우리는 서로를 돕고 살아야겠죠. 스웨덴도 정치적 분위기가 변하면서 예전보다 난민 정책이 엄격해졌지만, 여전히 체념 증후군 아이들의 가족에게 보호를 제공하려고 합니다. 스웨덴 복지 국가의 정신은 약한 이의 손을 먼저 잡아 주는 데 있거든요.

난민 수용을 반대하는 사람들이 있는 반면 '통합'이라는 큰 방향을 정하고 모두가 더불어 함께 사는 사회를 희망하는 스웨덴 사람들도 많습니다. 몇 년 전, 말뫼 시립 도서관에서 열린 스웨덴어 교육 프로그램(SFI)의 행사가 생각나네요. 행사의 주제는 이민자들의 '말뫼 사랑'이었어요. 말뫼 관련 영상이 소개되었고, 함께 노래도 불렀죠. 말뫼를 주제로 이민자들이 쓴 시가 모형 나무에 걸려 있었고요. 난민과 이민자들의 마음속에 스웨덴에 대한 고마움이 크게 자리 잡고 있다는 걸 느꼈어요. 그 고마움 때문에 어쩌면 이들은 스웨덴 사람보다 더 스웨덴을 사랑할지도 모르겠어요.

다정한 시민이 되는 법

"신기하다" 대신 "멋지다"라고 말해요

내가 사는 스웨덴의 말뫼에는 179개 국적의 사람들이 함께 살아요. 생김새도, 종교도, 문화도 다르지만 서로의 '다름'을 존중해야만 함께 살아갈 수 있죠. 우리나라도 외국인과 이민자가 점점 늘고 있어요. 이제 '다름'은 낯선 게 아니라 일상이에요. 그런데 우리는 익숙한 문화에는 관대하면서 낯선 문화엔 수군거리거나 흉보는 말을 쉽게 하기도 해요. 이렇게 실천해 보면 어때요? 다른 언어로 말하는 친구에게 천천히 말 걸기, 낯선 음식이나 옷차림을 비웃지 않기, 다름을 보면 "신기하다"가 아니라 "멋지다"라고 말하기. 어때요? 잘할 수 있지요?

저,  질문  있어요!

불장난하면 때려도 될까요?

어느 날 필리핀 친구가 만나자마자 "무슨 이런 나라가 다 있냐?"며, "스웨덴을 떠나고 싶다."라고 말했어요. 아무 죄도 없이 경찰서에 불려 가서 죄인 취급을 받았다고요. 며칠 전에 일곱 살짜리 딸이 불장난을 해서 몇 대 때렸는데, 그걸 아이가 교실에서 친구들에게 얘기를 한 거예요. 마침 옆에 있던 선생님이 듣고 경찰에 신고를 했대요.

그 친구는 아동 학대범으로 경찰서에서 조사받고, 아동 복지 담당 기관에서 여러 번 상담을 받았죠. 결국 1년 동안 매주 한 번씩 교육과 교화를 받아야 한다는 통보를 받고, 화가 단단히 났어요. 아이가 불장난을 해서 너무 놀란 나머지 자신도 모르게 손이 올라갔다고 아무리 설명해도, 아동 복지 담당관은 이해해 주지 않았대요. 필리핀 친구는 "위험하기 짝이 없는 불장난을 한 어린 딸에게 다시는 하지 못하도록 따끔하게 혼내는 것이 너무 당연한 일 아니냐? 필리핀에서는 불장난하는 아이를 내버려두는 걸 오히려 아동 학대로 본다."라면서 분통을 터뜨렸습니다.

이 일을 스웨덴 친구에게 얘기했더니 이런 답변을 해 주었어요. "엄마의 놀란 표정과 갑자기 뛰어온 행동만으로도 아이는 이미 자신이 잘못했다는 걸 알아. 아이의 눈을 보며 손을 꼭 잡고 위험하니까 다시는 하지 말라고 말하는 것으로도 충분해. 아마도 갑자기 나도 모르게 손이 올라갔다는 말이 아동 복지 담당관에게는 가장 거슬렸을 거야. 엄마의 무의식 속에 있는 폭력성을 봤을 테니까."

1979년 스웨덴은 세계 최초로 가정 내 체벌을 포함한 모든 형태의 아동 체벌을 법적으로 금지한 나라입니다. 당시 이웃 국가들은 '무리한 시도, 철없는 도전'이라며 부정적인 반응을 보였지요.

이 법안 통과에 큰 역할을 한 사람은 『말괄량이 삐삐』를 쓴 스웨덴의 국민 작가 아스트리드 린드그렌이에요. 1978년 그녀의 독일 도서 무역 평화상 수상 연설이 큰 영향을 주었거든요. 연설문에 담긴 아주 유명한 이야기를 하나 소개할게요.

한 젊은 엄마가 잘못한 아이에게 체벌을 하려고 막대기를 가져오라고 했어요. 막대기를 찾을 수 없었던 아이는 대신 돌멩이를 가져왔어요. "엄마가 나를 아프게 하려는 게 목적이라면 막대기든 돌멩이든 상관없을 거야."라고 생각한 거예요.

여기서 중요한 건 이거예요. 엄마가 매를 들어 아이에게 잘못을 깨닫게 하려 했다면, 이미 반성한 아이에게 매를 드는 건 그저 아프게 하는 것밖에 안 된다는 거죠. 그 젊은 엄마는 돌멩이를 부엌 선반에 올려 두고 다시는 아이에게 매를 들지 않았답니다. 이 일화는 당시 스웨덴 사회에 큰 영향을 끼쳤으며, 체벌에 대해 생각해 보는 계기가 됐어요.

당시 여론 조사에서 국민의 약 70%가 체벌 금지법에 반대했지만 정부는 강력한 홍보 캠페인을 통해 국민을 설득했습니다. 당시 스웨덴 법무 장관은 "이 법은 아이를 키울 때 폭력을 써서는 안 된다는 인식을 부모가 갖도록 돕는 데 목적이 있다."라고 말했어요.

스웨덴 정부는 이를 위해 대대적인 홍보를 했습니다. TV, 라디오, 포스터, 팸플릿 등 가능한 모든 방법을 동원했어요. 특히 매일 아침 각 가정의 식탁 위에 오르는 우유 팩에 체벌 금지법의 목적과 내용을 알리는 만화가 실렸고, 여러 언어로 된 안내 책자가 350만 가정에 배포됐습니다. 동네마다 부모 상담 센터도 생겼고요. 당시 스웨덴 정부는 이렇게 믿었다고 해요. "아이에게 비폭력으로 갈등을 푸는 법을 가르치는 건 어른의 책임, 이를 돕는 건 정부의 책임이다!"

법이 시행된 지 2년 만에 90% 이상의 부모가 '체벌은 불법'임을 알게 됐고, 1960년대에는 절반이 넘는 부모가 체벌을 당연하게 여겼지만, 2010년대에는 10% 이하로 줄었다고 해요. 실제로 체벌을 하는 부모도 90%에서 10%로 크게 줄었습니다.

스웨덴의 사례는 이후 전 세계적으로 '아동 체벌 금지법' 도입에 큰 영향을 끼쳤어요. 현재 약 60개국 이상이 아동 체벌을 법으로 금지했고, 유엔 아동 권리 협약에서도 이를 권장하고 있습니다.

스웨덴은 타협과 합의의 문화로 명성이 높아요. 아이에게 체벌 등 폭력이 아닌 대화로 갈등을 푸는 법을 가르친 결과, 사회 전반에 대화와 존중의 문화가 자리 잡은 것이 아닐까요? '아동 체벌 금지법'은 작은 변화였지만, 그 시작은 한 사회의 태도 전체를 바꾸는 큰 울림이 된 거예요. 폭력은 어떤 상황에서라도 허용되어서는 안 됩니다.

여성의 정치 참여가 왜 중요할까요?

세상의 절반은 여성입니다. 이 말은 단순한 수치 이상의 의미를 지녀요. 인구의 절반이 여성이라면, 사회의 중요한 결정을 내리는 정치의 공간에서도 여성이 절반의 목소리를 내는 것이 자연스럽고 정당한 일이 아닐까요?

정치란 권력을 나누고, 사회가 나아가야 할 방향을 결정할 뿐 아니라 남성과 여성이 함께 어울려 사는 삶의 풍경을 만들어 내는 일입니다. 따라서 여성의 정치 참여는 절반의 시선만으로는 부족한 사회를 더 균형 있게 바라보고, 우리 모두의 삶을 더 나은 방향으로 이끄는 열쇠가 될 수 있어요. 그러나 많은 나라에서 여성은 정치의 주변에 머물러 있고, 국회 의원, 장관, 대통령 등 권력을 가진 자리에는 남성이 대부분이죠.

스웨덴은 어떨까요? 성평등 지수에서 늘 최상위를 차지하는 스웨덴은 남성과 여성이 함께 정치에 참여하는 게 아주 자연스럽고 일상화된 나라입니다. 2024년 기준으로 스웨덴 국회 의원 중 약 47%가 여성이에요. 거의 절반이지요. 그뿐만 아니라 장관, 시장, 시의원, 외교관 등 여러 분야에서도 여성들이 활발히 활동하고 있어요. 이것은 스웨덴 사회가 여성을 신뢰하고, 여성의 의견을 사회 발전에 꼭 필요한 자원으로 여긴다는 것을 의미해요. 그게 바로 평등이고, 더 나은 사회로 가는 길이라고 믿기 때문이겠죠.

여성의 정치 참여는 어떤 변화를 만들까요? 여성 정치인들은 자연스럽게 아이를 키우는 일, 가족, 교육, 복지 같은 일상적이고 실제적인 문제에 더 관심을 갖는다고 해요. 남성과 여성이 모두 사용할 수 있는 육아 휴직 제도, 유연 근무제, 보육 시설 확충, 가족 친화적 노동 정책 등은 여성 정치인의 노력으로 더 많이 발전했어요. 사실 이런 제도는 여성만을 위한 것이 아니고, 사회 전체의 삶의 질을 높이는 데 기여합니다. 그래서 스웨덴 사람들의 행복 지수도 항상 최상위권이 아닐까 생각해 봤어요.

여성의 정치 참여가 가져온 이른바 '삶의 질을 높이는' 변화를 해외로까지 확장시키려고 노력한 스웨덴의 여성 정치인, '마르고트 발스트룀'을 소개할게요. 그녀는 2014년부터 2019년까지 스웨덴 외무장관을 지내면서, 세계 최초로 '페미니스트 외교 정책'을 실천해 국제적인 주목을 받았어요.

실제로 그녀는 2015년, 사우디아라비아의 여성 인권 실태를 공개적으로 비판해 큰 파장을 일으켰어요. 여성은 운전조차 하지 못하고, 법정에서도 남성과 동등한 말을 할 수 없는 상황을 '중세의 처벌'이라고 비난했죠. 이 발언은 심각한 외교적 갈등을 불러왔지만, 그녀는 "인권은 외교의 예외가 될 수 없다."라는 소신을 굽히지 않았답니다.

사우디아라비아는 스웨덴 주재 대사를 소환하고, 스웨덴 기업인에 대한 비자 발급을 중단했으며, 스웨덴과의 무기 수출 협정도 종료했어요. 이 사건은 스웨덴이 '인권'과 '여성의 권리'를 외교 정책의 중심에 두고, 이러한 가치를 지키기 위해 경제적, 외교적 대가를 치를 준비가 되어 있음을 보여 주는 사례가 되었습니다.

마르고트는 "여성이 빠진 평화는 진정한 평화가 아니다."라고 말했어요. 전쟁과 갈등 속에서 가장 큰 피해자는 여성과 어린이들인데, 그 회복과 평화의 과정에 여성이 참여하지 못한다면, 그 평화는 오래가지 못한다는 뜻이에요. 스웨덴이 국제 사회에서 성평등, 인권, 평화 외교의 상징이 된 이유는 마르고트의 영향이 크답니다.

스웨덴의 예를 보면, 여성의 정치 참여는 선택이 아니라 좋은 사회로 나가기 위한 필수 조건으로 보여요. 여성이 정치에 참여하면 더 많은 사람이 포용되고, 더 다양한 시각에서 문제를 바라보며, 사회 전체가 더 따뜻하고 균형 있게 발전할 수 있어요. 세상의 절반인 여성이 정치의 절반을 맡을 수 있을 때, 비로소 모두를 위한 정치가 완성될 수 있지 않을까요?

누구나 노동할 권리가 있다고요?

인간은 종종 '생각하는 동물'로 불리지만 동시에 '노동하는 동물'이기도 합니다. 인류의 문명이 이렇게 눈부시게 발전해 온 걸 보면 인간은 단순히 먹고사는 것을 넘어, 더 나은 삶을 위해 끊임없이 일하고 창조하며 발전하는 존재인 것 같아요. 인간은 노동을 통해 자신의 능력을 발휘하고 성장하며 성취감을 얻기도 하니까요.

또한 노동은 인간을 사회적 존재로 만들어요. 우리가 속한 사회는 수많은 사람의 노동이 쌓여 형성되었어요. 농부가 곡식을 재배하고, 의사가 환자를 치료하며, 교사가 학생을 가르치는 것처럼 각자의 노동이 모여 사회를 유지하고 발전시키죠. 우리는 노는 걸 좋아한다고 생각하지만 어쩌면 노동이야말로 인간의 본질적인 특성일지 몰라요. 삶을 가치 있게 만드는 필수적인 요소이고요.

스웨덴 사람들이 노동을 얼마나 중요하게 생각하는지 이 이야기를 듣고 알게 되었어요. 50년 전 이야기라며 이웃에 사는 나의 할머니 친구가 들려주셨답니다.

한 세탁소 주인 부부에게 늦둥이로 다운 증후군 딸이 태어났대요. 장애가 있는 딸이 어떻게 스스로를 돌보며 살 수 있을까 고민하던 엄마는 딸에게 다림질을 시켰습니다. 지능이 낮고 신체 발달도 더디지만, 순하고 인내심이 강해서 다른 건 몰라도 다림질은 할 수 있을 것 같았기 때문이에요. 딸은 침착하게 다림질을 열심히 배웠고, 부모님이 돌아가신 후에도 다림질을 하면서 스스로 생계를 꾸릴 수 있었답니다.

당시 다운 증후군 장애인의 평균 수명이 50세 전후였는데 그 여성은 62세까지 살았다고 해요. 그저 복지 제도의 혜택을 받으며 살 수도 있었겠지만, 사회에 무엇인가 필요한 역할을 할 수 있도록 노동 능력을 길러 준 부모가 존경스러웠습니다. 이 노동 능력이 늦둥이 딸의 삶을 얼마나 건강하고 빛나게 해 주었을까요?

노동은 모든 인간에게 의미 있는 활동이지만 장애인에게는 더욱 특별한 의미를 가집니다. 장애인은 종종 사회에서 보호받아야 할 존재로 인식되지만, 노동을 통해 이러한 편견을 깨고 사회에 능동적으로 기여할 수 있는 존재임을 증명하게 되지요. 따라서 장애인에게 노동은 단순한 일을 넘어 사회와 연결되는 중요한 다리 역할을 하며, 동시에 삶의 주도권을 확보하는 수단이 됩니다.

스웨덴 정부는 일을 하고 싶은 장애인들을 어떻게 도울까요? 장애인을 위한 훌륭한 복지 제도와 지원 서비스가 있다고 해도, 막상 직업을 구하는 문제 앞에서는 좌절하게 돼요. 장애인에게 일자리를 주려는 회사나 기관이 많지 않기 때문이에요.

이에 스웨덴 정부는 장애나 건강상의 문제로 일을 구하기 어려운 사람들에게 일자리를 제공하기 위해 '삼할(samhall)'이라는 장애인 특화 사회적 기업을 설립했어요. 단순히 도움을 주는 복지 지원이 아니라, 직접 일하면서 스스로 살아가고 사회에 참여할 수 있도록 돕는 고용 방식이에요.

삼할은 청소 서비스, 물류, 제조, 고객 서비스 등 다양한 분야에 일자리를 만들어 2023년 기준 2만여 명을 직접 고용했답니다. 스웨덴의 대형 기업 및 공공 기관이 이들의 고객이래요. 삼할에서 일정 기간 근무한 후 일반 기업에 취업할 수 있도록 이케아 등 다양한 협력 기업들과 채용 연계 프로그램을 운영하고 있습니다. 실제로 많은 직원이 삼할을 거쳐 일반 노동 시장으로 진출했다고 해요.

삼할은 장애인 복지와 관련하여 스웨덴의 대표적 성공 사례로 꼽히는데요, 실제로 많은 장애인의 경제적 자립을 도와주었어요. 그러니 다른 국가들의 모범이 될 수밖에요.

난민 여성과 어떻게 연대할까요?

스웨덴에 와서 많은 사람을 만나고 알게 되었는데요, 그중에서 가장 아름답고 멋진 분을 소개할게요.

말뫼는 스웨덴에서 난민과 이민자들이 가장 많이 사는 도시입니다. 179개 국적을 가진 사람들이 거주하고, 외국인이 거의 50%에 육박한다니, 그야말로 다문화 도시예요.

이 외국인 중에 중동계 난민 수가 가장 많아요. 대부분 알라신을 믿는 이슬람교도인데, 같은 종교임에도 나라에 따라 관습과 의식이 매우 다르답니다. 어떤 나라에서는 복장 규정이 아주 엄격하여 여성들이 밖에 나갈 때 얼굴과 몸을 온통 가리고 눈만 내놓아야 하고요, 어떤 나라는 여성이 히잡(머리쓰개) 사용까지 선택할 수 있을 만큼 관대해요.

하지만 모두 종교적 신념은 대단히 강해서 아주 철저히 그들만의 삶의 방식을 고집한다는 공통점이 있어요. 또 하나의 공통점은 난민으로 온 여성들의 교육 수준이 전반적으로 아주 낮아서, 스웨덴에서 가장 취약한 계층에 속합니다.

사실 본국에서 제대로 교육도 받지 못한 채, 집에서 살림만 하고 살았던 나이 든 가정주부의 경우에는 스웨덴 사회에 통합되어 사회 구성원으로 제대로 살기가 어려워요. 할 줄 아는 것이라곤 집에서 밥하는 것, 청소하는 것, 바느질하는 것 정도이니 가정에서는 남편과 아이들에게 무시당하기 일쑤이고, 사회에서는 아무런 역할도 힘도 없지요.

모든 면에서 성평등 세상을 꿈꾸며 누구보다 사회 활동을 활발히 하는 스웨덴 여성들의 눈에 이 난민 여성들이 어떻게 보였을까요? 도와주고 싶은 마음이 절절했겠지요? 이 절절한 마음으로 난민 여성들에게 새로운 삶의 기회를 준 여성이 있었으니 바로 크리스티나 메르케 시효입니다. 올해 나이 75세이고요, 이 일을 시작한 나이는 61세였어요.

말뫼에 '로젠고드'라는 동네가 있습니다. 스웨텐어로 '장미의 정원'이란 뜻인데, 중동계 난민과 이민자들이 주로 사는 가난한 동네예요. 그 로젠고드 한 귀퉁이에 크리스티나는 '얄라 트라판'이란 이름의 삶의 터전을 만들었습니다. 얄라 트라판은 지속 가능한 수익을 창출하여 사회적 가치를 실현하는 사회적 기업인데요, 주요 목적은 난민 여성들이 자신의 능력을 발휘하고 경제적 독립을 달성할 수 있도록 돕는 데 있습니다.

크리스티나는 집안에 갇혀 있는 난민 여성들을 얄라 트라판으로 불러내어 그들이 할 줄 아는 것 그러니까 밥하고, 청소하고, 구멍

난 양말을 꿰매는 가사 노동을 사업화했습니다. 얄라 트라판의 세 가지 주요 사업 분야는 '레스토랑과 출장 뷔페', '청소 도우미 업무' 그리고 '봉제 일'이에요. 2010년에 6명으로 시작했던 얄라 트라판은 현재 60명의 직원을 두고 있고, 1년에 100명이 넘는 인턴을 배출한다고 해요.

살면서 처음으로 돈을 벌고 공부를 한 난민 여성들은 마치 자신이 딴 사람으로 다시 태어난 것 같대요. 이들의 걸음걸이가 당당하고 표정 없던 얼굴에 미소가 번지는 걸 볼 때, 크리스티나는 정말 큰 보람을 느낀다고 말했어요.

얄라 트라판의 성공 스토리는 동네방네를 넘어 국제적으로도 소문이 났어요. 경영 노하우를 배우려고 오스트리아, 노르웨이 등 여러 나라에서 견학을 오기도 하고요, 다양한 방식으로 국제적인 협력도 하고 있습니다. 현재 진행 중인 '얄라, 동쪽을 향해'라는 프로젝트는 스리랑카와 라트비아, 우크라이나 등 동쪽 지역의 여성들을 돕고 있어요. 여성 연대의 따뜻한 마음이 이렇게 전 세계에 널리 퍼지고 있어요.

빈부 격차가 작은 이유는 뭘까요?

우리는 모두 열심히 공부합니다. 좋은 대학에 들어가기 위해서지요. 좋은 대학을 나와야 안정적인 직장과 높은 사회적 지위를 얻을 수 있다고 믿기 때문이에요. 성적이 좋은 학생들은 너 나 할 것 없이 '기를 쓰고' 의대에 가려 한다지요? 의사는 높은 연봉과 사회적 대우가 따르니까요. 그런데 좀 씁쓸해요. 만약 사람들이 돈을 많이 벌기 위해 의사가 되려고 한다면, 과연 그들이 환자에게 다정하고 따뜻한 의사가 될 수 있을까요?

스웨덴에서도 의대에 가려면 성적이 좋아야 해요. 하지만 그렇다고 기를 쓰고 경쟁하는 분위기는 잘 느껴지지 않아요. 의대에 떨어지더라도 크게 좌절하지 않고, 편하게 다른 길을 선택하거든요. 스웨덴 사람들은 '모든 직업은 나름대로 가치가 있고, 존중받아야 한다.'라고 믿어요. 의사만 중요한 직업이 아니잖아요.

스웨덴에서는 직업 간 임금 차이가 크지 않아요. 의사 역시 공공 의료 체계 아래에서 공무원으로 일하기 때문에 다른 직종보다 소득이 훨씬 높지 않고, 고졸과 대졸의 연봉 차이도 거의 없지요. 그래서 억지로 공부해서 대학에 가는 사람이 드물어요. 대학 진학률도 50%가 되지 않아요. 한국의 대학 진학률이 75%에 가깝다고 했더니 다들 놀라더라고요.

이곳 고등학생들은 졸업하자마자 대학에 가기보다는, 여행을 하거나 아르바이트를 하면서 사회를 경험하는 경우가 많아요. 자신에게 맞는 길이 뭔지 고민해 보고 대학 진학 여부를 결정하죠. 그래서 대학생들의 나이도 20대 초반부터 30대까지 다양해요. 고등학교에는 12개의 직업 교육 프로그램과 6개의 대학 진학 프로그램이 있는데, 더 많은 학생이 직업 프로그램을 택해서 전기 기술자, 호텔리어처럼 실용적인 직업을 선택합니다.

물론 스웨덴에서도 의사나 변호사, 과학자처럼 전문직을 꿈꾸며 열심히 공부하는 사람들도 많아요. 다만 모든 사람이 대학에 목숨 걸듯 달려드는 분위기가 아니라는 거예요. 필요에 따라 대학에 가고, 또 자신의 목표에 따라 각자의 길을 선택하는 거죠.

대학과 상관없이 세상에는 다양한 직업이 있고, 그 모두가 나름의 방식으로 사회에 기여합니다. 역할만 다를 뿐 쓸모없는 직업은 없어요. 그 어떤 일이든 가치를 인정받지요. 그래서 사람들은 자기 일에 자부심을 갖고, 자연스럽게 직업 윤리도 갖게 되고요. 모두가 즐겁게 일할 수 있는 사회, 그게 바로 좋은 사회가 아닐까요?

스웨덴이 빈부 격차가 작은 이유도 여기에 있어요. 무엇보다 소득이 높을수록 더 많은 세금을 내는 누진세 제도가 잘 작동하고 있어요. 그렇게 모인 세금은 교육이나 의료, 복지 같은 공공 서비스에 쓰이죠. 소득과 관계없이 누구나 기본적인 생활을 보장받을 수 있어요.

노동조합의 영향력도 커서 기업이 직원들에게 무리한 요구를 하거나, 임금 격차를 크게 벌리기가 어려워요. 대기업 임원과 중소기업 직원 간의 차이도 크지 않고요. 스웨덴 사회는 한 사람이 크게 성공하는 것보다 모두가 같이 잘사는 걸 더 중요하게 여겨요. 직업에 따른 임금 격차가 크지 않으니 대학을 나왔느냐, 심지어 어느 대학을 졸업했느냐는 전혀 중요하지 않습니다.

물론 스웨덴에도 큰 부자가 있어요. 하지만 지독하게 가난해서 끼니를 걱정해야 하는 사람은 거의 없어요. 기본적인 삶을 보장하는 법과 제도들이 잘 마련되어 있어서, 실직하거나 건강이 나빠져도 정부가 최소한의 생활을 책임져 줍니다. 주거 보조금, 생계 보조금, 의료 지원 등이 체계적으로 제공되기 때문에 누구도 완전히 사회의 바깥으로 밀려나지 않아요. 빈곤이 '개인의 책임'으로만 떠넘겨지지 않도록, 사회 전체가 함께 책임지려는 구조거든요. 모두가 존중받는 평등한 사회가 복지 국가 스웨덴의 목표랍니다.

스웨덴의 복지는 결국 한가지 마음에서 시작된 것 같아요. 누구도 혼자 버텨야 하지 않도록, 함께 책임지자는 마음이요. 그 마음이 제도가 되고 문화가 되었지요. 우리 사회도 그런 마음을 조금씩 더 키워 갈 수 있으면 좋겠어요. 작지만 중요한 변화는 늘 그런 다정한 마음에서부터 시작되니까요.

다정한 하루 4_평등
평등한 세상이 너무 멀어

초판 1쇄 발행 2025년 4월 30일
글 나승위 | **그림** 나오미양 | **편집** 이해선 | **디자인** 신병근 | **제작** 세걸음
펴낸곳 다정한시민 | **펴낸이** 이해선 | **출판신고** 2024년 3월 4일 제 2024-000039호
주소 경기도 고양시 일산동구 중앙로 1305-30 마이다스 오피스텔 605호 | **전화** 070-8711-1130
팩스 070-7614-3660 | **이메일** dasibooks@naver.com | **블로그** blog.naver.com/dasibooks

인쇄·제본 상지사 P&B

ⓒ 나승위 2025
ISBN 979-11-94724-01-8 (74330) | 979-11-987002-0-9 (세트)

이 책은 저작권법에 따라 보호받는 저작물이므로 저작권자와 출판사의 허락 없이 이 책의 내용을 복제하거나 다른 용도로 쓸 수 없습니다.
책값은 뒤표지에 있습니다. 잘못 만들어진 책은 바꾸어 드립니다.
KC마크는 이 제품이 공통안전기준에 적합하였음을 의미합니다. | 사용 연령: 7세 이상 | 종이에 베이거나 긁히지 않도록 조심하세요.